〔フォト・ストーリー〕

英国の幽霊伝説

ナショナル・トラストの建物と怪奇現象

GHOSTS: Mysterious Tales from the National Trust

シャーン・エヴァンズ *Siân Evans*

日本版監修……村上リコ *Rico Murakami*

翻訳……田口未和 *Miwa Taguchi*

原書房

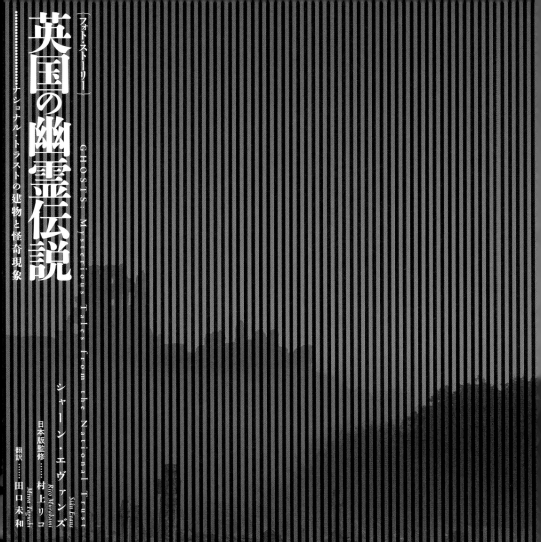

フォト・ストーリー

英国の幽霊伝説

ナショナル・トラストの建物と怪奇現象

❖目次

❖――配列は原書にしたがいアルファベット順となっている。
❖――行頭の番号は008-009ページの地図中の番号を示す。

英国の幽霊伝説マップ

イギリス
イングランド
ウェールズ
北海
シュ海
イギリス海峡
リーズ
リバプール
シェフィールド
バーミンガム
カーディフ
ロンドン
ドーバー
サウサンプトン
プリマス
28 35 36 60 71 10 21 53 5 68 30 27 56 49 42 61 1 39 20 13 4 59 31 7 55 50 72 3 22 6 41 11 8 32 70 47 26 25 66 16 45 58 44 38 33 67 34 40 52 57 2 15 12 65 64 29 37 51 43 69 48 14 17 18 54 19 9 46

❖本書に登場するイングランド、ウェールズ、北アイルランドの建物と場所。

——行頭の番号は006-007ページの目次の番号に対応する。

1 アバコンウィ・ハウス
2 エイヴベリー
3 バッダースリー・クリントン
4 ベルトン・ハウス
5 ベニンバラ・ホール
6 ベリントン・ホール
7 ブリックリング・ホール
8 ブロックハンプトン・エステート
9 バックランド・アビー
10 カースルリグ・ストーンサークル
11 チャールコート
12 チャートウェル
13 チャーク城
14 シスベリー・リング
15 クランドン・パーク
16 クレイドン・ハウス
17 クラウズ・ヒル
18 コーフ城

19 コーティール
20 クラフルウィン・ホール
21 クライヤー・オブ・クレイフ
22 クロフト城
23 クロム・エステート
24 クラウン・リカー・サルーン
25 ディネヴォル
26 ドラウコシ金鉱
27 ダナム・マッシー
28 ダンスタンバラ城
29 ダンスター城
30 イースト・リドルスド・ホール
31 フェルブリッグ・ホール
32 ザ・フリース・イン
33 ジョージ・アンド・ドラゴン
34 ジョージ・イン
35 ジョージ・スティーヴンソンの生家
36 ギブサイド

37 グラストンベリー・トア
38 グレイズ・コート
39 ハヴァドゥ・スラン
40 ハム・ハウス
41 ハンベリー・ホール
42 ハイピーク・エステート
43 ヒントン・アンプナー
44 ヒューエンデン・マナー
45 キングズ・ヘッド
46 ランハイドロック
47 スランエルファイロン
48 ロッジ・パーク・アンド・シャーボーン・エステート
49 ライム・パーク
50 ライヴデン・ニュービールド
51 モンペッソン・ハウス
52 ニューアーク・パーク
53 ナニントン・ホール
54 オールド・ポスト・オフィス

55 ポウイス城
56 クオリー・バンク・ミル
57 ロッシリ
58 ショーズ・コーナー
59 シェリンガム・パーク
60 スーター灯台
61 スピーク・ホール
62 スプリングヒル
63 セント・マイケルズ・マウント
64 ストーンヘンジ・ダウン
65 ストアヘッド
66 ストウ・ランドスケープ・ガーデンズ
67 サットン・ハウス
68 トレジャラーズ・ハウス
69 アップパーク
70 アプトン・ハウス
71 ワシントン・オールド・ホール
72 ウィッケン・フェン

はじめに
INTRODUCTION

「人がそこに住み、そこで死を迎えたすべての家は幽霊屋敷だ。開いたドアから、何かの目的を果たそうと、悪意のない幽霊たちが滑るように姿を現す。彼らの足が床に音を立てることはない」

——ヘンリー・ワーズワース・ロングフェロー（一八〇七〜八二年）

▶ブリックリング・ホール（ノーフォーク）のツタに覆われた外壁に〝出現〟したスフィンクスの石像。

古い建物には強烈な個性が宿ることがある。人々が暮らし、愛し合い、争い、勝利し、絶望した場所はどこでも、そこならではの特徴がある。そうした古い建物の中で一定の条件が整うと、ほんの一瞬、過去の出来事が現在に投影される。まるでちょっとした電気障害が起こったときのように。私たちはこうした場所を「とりつかれている」と言い、その劇中の主人公（ドラマティス・ペルソナエ）を幽霊と表現する。

古くは旧約聖書の時代から、世界中のあらゆる文化の伝統の中で、幽霊は死んだ人たちが現れる現象と考えられてきた。彼らは生きている人たちの前に姿を現し、何かのメッセージを伝えたり、危険が迫っていることを警告したりする。もう少し時代が下ってからは、新しい説として、私たちが幽霊と呼ぶものは迷える魂ではなく、古い時代の「記録《レコーディング》」なのだと唱える人たちも現れた。つまり、現代の目撃者が別の時代、別の次元のシナリオの一部を垣間見ているということだ。時を隔てていたヴェールがほんの一瞬すべり落ち、その間に古い時代の断片的な記録が再生される。そこで目にするのは過去のドラマの最大の見せ場、たとえば殺人や自殺、悲劇の結末や深い後悔など、登場人物たちが直面した危機の瞬間かもしれない。あるいは、もう私たちの世界にはいない人たちが、彼らが好きだった場所、よく知る場所で普段どおりの行動をとっている姿のような、ごく当たり前の日常生活の一こまかもしれない。

古い場所に幽霊がすみつくと信じられている理由は実にさまざまで、答えを見つけるのは簡単ではない。たとえば、強烈な個性の持ち主が彼らの人格を特定の場所に「刻みつける」のかもしれない。おそらく霊感のある人たちはこうした手掛かりを無意識のうちに感じ取り、かつての住人の力強い存在感を察知するのだろう。現在までのところ、過去の時代に特定の場所で暮らしていた人たちに起こった感情の高まりを、後の時代の人たちが感じ取る能力については十分に解明されておらず、人によっては暗示にかかりやすいという傾向も関係しているかもしれない。しかし、なじみのない場所で言いようもない不安にかられ、「恐怖に震える」思いをした経験は誰にでもあるはずだ。どんなに疑い深い人でも、妙な気配は感じることができる。

これは驚きの結果と言えるかもしれないが、イギリスのNOP［全国世論調査会社］が二〇〇〇年に実施した調査によれば、イギリス人の半分近くは幽霊を信じている。約四二パーセントのイギリス人が、幽霊や亡霊、その他の超自然的な存在を信じていると答えたのである。おもしろいのは、調査結果を見ると地域によって顕著な違いがあったことだ。スコットランドと北イングランドでは、三分の二近くの人が幽霊を見た、あるいはその気配を感じたことがあると認めているのに対し、南部の人や年配の人たちはもう少し懐疑的だった。いずれにしても否定できないのは、幽霊やそれと関連した物語は、今も変わらず私たちを魅了する不思議な力を持っているということだ。

本書は、ナショナル・トラストの管理下にある歴史的重要性を持つ特徴的な建造物や美しい自然に関連する古い物語を記録する目的でスタートし、そこから徐々に発展したものである。ナショナル・トラストは、イングランド、ウェールズ、北アイルランドに散らばる二万を超える歴史的建造物、一一二〇キロメートルに及ぶ海岸線、二五万ヘクタール近くの田園、森林、浜辺、山々、原野を管理している。保護資産《プロパティ》には、豪華な歴史的邸宅や丹精込めて手入れされた庭、風雨にさらされてきた灯台、田園地方の農家の家屋、鹿園、新古典主義［古代ギリシャ・ローマの文化に影響を受けた様式。一八世紀中頃から一九世紀初頭に流行］の神殿、職人が暮らした質素な住居、手つかずの森林、山岳地域、湖や名所史跡、産業革命の記念物、新石器時代の埋葬塚など、さまざまな場所が含まれる。これらの場所それぞれに個性と独特の雰囲気があり、その多くに幽霊物語が語り継がれている。

ナショナル・トラストの所有地と結びついたバラエティに富む幽霊物語は、十分な証拠に裏づけされたものもあれば、時には歴史的事実と矛盾する内容のものもある。最初のうちは、話に尾ひれがついたもの、見え透いた宣伝、敵対する相手への復讐心から生まれた作り話、あるいは暗い嵐の夜に自家製ビールを飲みすぎた結果か何かだろうと思えることが多い。しかし、それぞれの物語の核心にはいつも一粒の真実がある。そして、優れた幽霊物語とは要するに、その特別な場所をつくり、そこに住んできた人々について想像力豊かに語られた物語が、彼らの子孫や相続人たちによって語り直され、解釈され、修正されてきたものなのだ。時には歴史的事実が含まれることもあるものの、神話や伝説として語り継がれるこれらの物語は、今も私たちの民間伝承の力強い底流を成している。これらの物語はイギリス文化史におけるひとつの豊かな鉱脈であり、重要な口承文化の伝統が現代に受け継がれている証《あかし》でもある。

調査を始めるとすぐに、幽霊たちには出没期限がないことが明らかになった。つまり、

「……神話や伝説として語り継がれるこれらの物語は、今も私たちの民間伝承の力強い底流を成している。これらの物語はイギリス文化史におけるひとつの豊かな鉱脈であり、重要な口承文化の伝統が現代に受け継がれている証《あかし》でもある……」

ある場所に幽霊が出たという記録があれば、たいていの場合、その幽霊は時代を超えて存在し、はっきりした終わりというものがない。古くから「とりつかれてきた」とされる建物の現在の管理者——スタッフ、その家族や友人、ボランティアや訪問者——を直接訪ねてみると、多くの場所で、今そこにいる人たちも同様の奇妙な体験をしていた。そのため、特定の場所の古い民間伝承を収集しようとして始めたことが、その場所を語るにふさわしい人たちにインタビューするうちに、あっという間に彼ら自身が経験した奇妙な出来事を語ってもらうという、ユニークな口述歴史プロジェクトに変わっていった。ナショナル・トラストのスタッフ四五〇〇人〔当時〕、ボランティア四万人、見学者のうち、話を聞かせてもらった人たちの多くが、自分の経験を語ることを快く承知してくれた。

取材した数百人の人たちは、最初のうちは自分の経験について語りたがらないことも多かった。おそらく人にからかわれることを恐れたのか、単純に日常の世界で奇妙な経験をするということに不安を覚えたからだろう。ほとんどの会話は、「それまではまったく信じていなかったのですが……」、「超常現象になんてまったく興味がなかったのですが……」などの言葉で始まり、その後に、興味深く謎めいた、ある資産管理人《プロパティ・マネージャー》の表現を借りれば「昼のさなかに鳥肌が立つような出来事」の話が続くのが普通だった。彼らの経験のほとんどは「不合理な推論《ノン・セクイタ》」である——すなわち、いつもと変わらない昼や夜に、つじつまの合わない奇妙な出来事が、おそらくは繰り返し起こるというもので、どちらかといえば大異変というよりはわずかに普段とは異なる状況との遭遇だ。その場ではあまり気に留めることもなくやり過ごすのだが、気がつくとまた同じことが起こっている。そのため、スタッフやボランティアはこれらの出来事を「霊性が高まる天候」のせいだとみなす傾向がある。
「それが幽霊というものなんでしょう、つまり」と、彼らは哲学的につぶやく。

ハリウッド映画の見事な特殊効果に慣れてしまった私たちは、すべての幽霊物語はセンセーショナルでなければならず、超常現象は恐ろしく身の危険を感じるものでなければならないと思い込むようになってしまった。本書に集めた物語の中にも悪意が感じられる不穏なものはあり、確かに何人かの取材相手は身の毛がよだつような経験をして、それをもう思い出したくはないようだった。しかし、最近の幽霊体験の多くは恐怖で震えさせるというよりは、戸惑わせたり興味をそそったりする種類のものだ。その場所で感じる悪意があまりに強くて、逃げ出さなければならないと感じた人はほんのわずかで、たいていの人は「自分たちの」幽霊にある程度の誇りと尊敬の念を持って接しているように思える。

幽霊が出るとされる場所では、幽霊の存在を信じる人と疑う人の両方による調査が数多く実施されていて、そうした調査によって物語に非常に興味深い情報が付け加えられることも多い。また、超常現象の調査は、室温の明らかな変化、「玉ゆら《オーブ》」（写真や映像にははっきり写っているが、撮影時には見えなかった円形の光）などの説明できない現象を記録することがある。しかし、もちろん幽霊はこちらの注文どおりには現れてくれない。実際、この本のために集めた物語を見ると、幽霊が現れるのは目撃者がいつもどおりの日常的な作業をしているとき、あるいは何らかの害のない行動に熱中しているときが多いように思える。ハンプトン・コー

▶葉の落ちた低木の枝がボドナント・ガーデンの階段を這う。

トで最近実施された科学的調査では、赤外線カメラを使って一晩の間に起こる不可解な現象をすべて記録しようとした。研究者たちは人間の輪郭をした像がモニター画面に現れ、「幽霊《ホーンテッド》のギャラリー」をふわふわ移動するのを見て興奮した……だが、その影が戸棚を開け、電気掃除機を取り出すのを見て、興奮は落胆に変わった。影は、早朝から仕事を始めた清掃スタッフだったのだ。

　幽霊に関しては先入観にとらわれないことが大切だ。ただし、時にはあまりに簡単に受け入れすぎてしまうこともある。たとえばこんな話がある。少し神経質な貴族の女性があるカントリーハウスの寝室で、荒い息遣いを聞いた気がして眠りから引きずり起こされた。何か重いものが自分にのしかかっているように感じ、あまりの恐怖に動けなくなった彼女は、暗闇の中でじっと横たわっているしかなかった。しかし、夜が明けて最初の一筋の光が部屋に差し込んだとき、彼女は自分の新しい執事が寝ぼけて彼女の羽根布団の上に一四点の晩餐用食器類一式《ディナーサービス》を並べていたことに気がついた。

　私たちはこうした「予期せぬ物語」と、これから本書で紹介する次のような物語をきちんと区別して考えなければならない――ある教育コーディネーターは壁から灰色の霊が現れて窓から出て行ったのを見て仰天し、ある学芸員《キュレーター》はディズレーリの幽霊から非難めいた視線を向けられた。また、ある清掃係はティールームにいるときに清教徒革命時代の給仕の少年から嫌がらせを受けた。ベルファストのバーではヴィクトリア朝時代の洋服を着た四人の人物が突然現れた。上半身のない足だけが現れ、掃除したばかりの床に足跡が残された。階段を下りるローダーデール公爵夫人の亡霊の足音が聞こえ、そこにはバラの香りが漂っていた……

ABERCONWY HOUSE
アバコンウィ・ハウス
❖コンウィ

ウェールズ北部の古都コンウィは、幽霊に関してはちょっとした評判で、城壁の上を歩く番兵の姿が目にされることもあれば、溺れ死んだはずの漁師が突然波止場に姿を現したという話もある。

町の中央にはひときわ目を引く建物がある。石積みの上にハーフティンバー様式［むき出しの木の骨組みと塗り壁やレンガ壁から成る］の外壁を組み合わせた一五世紀初期の家だ。アバコンウィ・ハウスはこの城塞都市の激動の歴史を生き残った唯一の中世の商家で、ウェールズに残る最古のタウンハウスでもある。木材の年輪による年代測定の結果、最初に建てられたのは一四一八〜一九年であることがわかった。いくつかの部屋には家具が備えられ、それぞれ異なる時代にこの家で暮らした人たちの日常生活を再現している。

奇妙な出来事が最も頻繁に起こるのはジャコビアン様式［ジェームズ一世時代（一六〇三〜二五）風］の部屋で、スタッフや見学者、ボランティアの何人かが「ヴィクトリア朝時代の格好をした紳士」の姿を目にしたと報告している。管理人《カストディアン》はもっとはっきりと、「……背の高い、フレッド・ディブナーに似た人物」と表現する［フレッド・ディブナーはとび職人からテレビの人気パーソナリティになった人物で、歴史家でもあり、無類の蒸気機関車好きで知られた］。この紳士の幽霊は階下でちらっと姿を見せることが多いのだが、夜遅くにジャコビアン様式部分に現れたことが少なくとも一度あり、部屋の中に入っていったものの、そこですぐに姿を消してしまったという。部屋への入り口は一か所だけなので、物理的には不可能な現象だった。

この紳士が現れるときには、その前兆としてパイプたばこの匂いや花の香りが漂うことも多い。スタッフは彼のことを「ジョーンズ氏」と呼んでいる。一八五〇年から一八八〇年まで妻と一〇人の子どもたちと一緒にこの家に住んでいた人物の名前だ。ジョーンズ一家

▼石と木材を半分ずつ組み合わせた
アバコンウィ・ハウスの外観。

「……管理人ははっきりと、
〝……背の高い、
フレッド・ディブナーに似た人物〟
と表現する……」

はアバコンウィ・ハウスを「禁酒《テンペランス》ホテル」［酒を出さないホテル］として経営し、一八八〇年のジョーンズ氏の死後は夫人が引き継いで一九一〇年ごろまでホテル経営を続けた。一九二〇年代には手入れもされずに荒れ果て、一九三四年にナショナル・トラストがウェールズで最初に取得した建物になった。

しかし、どうやらここにすみついている幽霊はジョーンズ氏だけではないらしい。建物のジャコビアン様式部分を訪れた見学者が、「暖炉のそばに立っている婦人」について何気なく口にすることがある。ひとりは、その婦人がジャコビアン風のドレスを着ていたと言い、「私が建物に入ったときから彼女はそこにいたけれど、害を与えるつもりはないようでした」と付け加えた。

それでも、スタッフはアバコンウィにいる霊のすべてが無害だと完全に信じているわけではない。急に部屋の空気が氷のように冷たくなったり、夜中に足音がしたりといった不可解な出来事があまりに多いからだ。管理人は目の前で重い防火扉が閉まるような感覚に襲われたことがある。事務所の備品がなくなるという問題もある。日常使っている用品が事務所からなくなり、思いもよらないような場所で見つかるのだ。「ジョーンズ氏がまた持っていった……」と、管理人はため息をつく。

AVEBURY
エイヴベリー

❖ウィルトシャー

……立石の一部だった石を使って建てられた建物は、ポルターガイスト現象を引き起こすと信じられている……

エイヴベリーはヨーロッパでは最も重要な巨石記念物のひとつで、広大なエリアに立石が散らばっている。その中心には神秘的な円形の盛り土と溝があり、それが小さな村を取り囲んでいる。この世界遺産の風景を横切るように姿を現すのが、五〇〇〇年前にこの場所に運ばれてきたとされる、サルセン石の立石でできた多くのストーンサークルと、立石が二列をなして作る「道《アヴェニュー》」の跡で、訪れる者に畏怖の念を抱かせる。

この巨大な遺跡にはかつては五〇〇を超える石があり、何千年も前から宗教的な礼拝の場だったと考えられている。石の一部は中世の間に、おそらく異教にかかわるものとして埋められ、あるいは後の世紀に砕かれて建築材料として使われた。

多くの石は、一九三〇年代に考古学者のアレクサンダー・ケイラーの手で再び元のように立てられた。その作業中に、ケイラーのチームは倒れた石のひとつの下に気味の悪いものを見つけた――男性の骸骨だ。一緒に出てきたコインや道具から、この男性は石を埋めるための穴を掘っている間に石が倒れてきて致命傷を負ったらしいとわかった。ハサミと

「……ケイラーのチームは
倒れた石のひとつの下に、
気味の悪いものを見つけた
――男性の骸骨だ……」

エイヴベリーの立石群。異教徒の神話から20世紀の目撃情報まで、
この巨石群は多くの幽霊物語を生み出してきた。

メス（瀉血や小さな手術用）も見つかった。考古学者たちの一致した見解は、これらの道具は中世の時代にあちこち渡り歩いて商売をしていた理髪師兼外科医が使っていたというものだ。骸骨の男性のポケットの中のコインは一三二〇年代のものと特定された。不運な理髪師の骨は現在、ロンドンに保管されている。倒れた石は立った状態に戻され、今では「理髪師《バーバー》の石《ストーン》」と呼ばれている。

エイヴベリーには、この遺跡の数十年前の様子を目にしたという女性の奇妙な話もある。第一次世界大戦中の一〇月のある夜、教区牧師の娘で農耕部隊《ランドアーミー》の一員でもあったイーディス・オリヴィエという女性が、はじめてエイヴベリーを訪れた。遺跡への道はよくわからなかったのだが、かまわずベックハンプトンを出発した彼女は、霧の立ち込めた西からのルート沿いにある、巨石のそそり立つ道に魅了された。ある村に着くと、村人たちがどことなく田舎風の市場に集まっているのが見えた。その巨大な道は一八〇〇年までに消滅しただけでなく、その村では一八五〇年を最後に市が開かれたことがないと彼女が知ったのは、それから九年後のことだった。

地元住民が夜中に石の周りで幽霊のような人影を見たり、動く光を見たりといった話は山ほどあり、亡霊が歌を歌っているのを聞いたという話もある。そのため、巨石群は今もかなり丁重に扱われている。地元では、立石の一部だった石を使って建てられた建物は、「幽霊の来訪《ザ・ホーント》」と呼ばれるポルターガイスト現象を引き起こすと信じられている。

❖ ❖ ❖

BADDESLEY CLINTON

バッダースリー・クリントン

❖ウォリックシャー

このロマンチックなマナーハウスはフェラーズ家が代々暮らしてきた邸宅で、一五世紀に周りに堀をめぐらして建設され、一七世紀以降はほとんど変わっていない。エリザベス朝時代には迫害されたカトリック教徒の避難場所になり、建物の中に三つの隠れ場所《プリースト・ホール》がある。

バッダースリー・クリントンの歴史を考えれば、この家に多くの幽霊物語が生まれたのも不思議ではないだろう。一九三〇年代にフェラーズ家によく招かれていたある老紳士は、この家の飼い犬の一匹が突然起き上がり、誰にともなく甘えた仕草をしていたことを覚えている。一家は「幽霊に甘えている」のだと冗談を言っていた。

現在のスタッフも不可思議な現象を目にすることがある。「幽霊など絶対に信じない」と断言する今の資産管理人《プロパティ・マネージャー》でさえ、彼が経験した次の出来事については説明できなかった。ある夏の夜の午後九時ごろ、彼は邸宅内のオフィスでひとり残って仕事をしていた。よく晴れた日で、風もない静かな夜だった。ところが突然、階段を上りオフィスのほうに歩いてくる足音がはっきり聞こえた。最初は何かの用事で同僚のひとりが戻ってきたのだろうと思い、気にしなかった。足音はだんだん大きくなり、閉じたドアのすぐ前までやってきたが――それっきり音は止み、家の中は再びしんと静まり返った。資産管理人はデスクから立ち上がり、誰だろうと思いながらドアを開けたが、そこには誰もいなかった。「背筋に震えが走ったとか、そういった感じはありませんでした――不吉な気配を感じたわけではなかったので。ただ、自分が耳にした足音について説明できないのです」と彼は言う。

夜中に廊下を歩く幽霊の足音を聞いたと話す人は多い。見えない手でドアのノブが回されるのを見てゾッとしたという人もいる。一九世紀末にレベッカ・フェラーズがこう書いている。「一度、重々しい足音を聞いたことがあります。うまく表現できないのですが、

「……一度、重々しい足音を
聞いたことがあります。
うまく表現できないのですが、
嫌な感じがする悲しげな音で……
その経験に私は
すっかり動揺してしまいました……」

バッダースリー・クリントンの北東の角。
堀を渡る門楼橋が見える。

嫌な感じがする悲しげな音で……その経験に私はすっかり動揺してしまいました……自分の立っている場所から数メートル先でドアのノブを荒々しく引く音が聞こえ、それなのに誰の姿も見えないのですから、不気味で仕方ありません」

緋色の上着に白い帯をたすき掛けにした男性の姿を目にしたという人たちもいた。その後、レベッカが見つけた第九歩兵連隊のトーマス・フェラーズ少佐の細密画《ミニアチュール》が、目撃された男性の描写にぴったり合っていた。フェラーズ少佐は一八一七年にフランスのカンブレーで任務についている間に、城壁から落下して死亡した。レベッカがフェラーズ少佐のためにミサを開いてからは、足音が聞こえることはめっきり減ったという。

バッダースリー・クリントンの図書室《ライブラリー》に関しては興味深い話が伝えられているが、これに関しては事実ではないことがわかっている。チューダー王朝時代[一四八五〜一六〇三]、この図書室は二階のグレート・ホールに隣接した部屋だった。伝説によれば、一四八三年にこの家を相続したニコラス・ブロームが、あるとき予定を変えて家に戻ってくると、「客間で自分の妻の首元に親しげに手を触れているバッダースリー教会の牧師の姿を目にして、彼を殺害した……」。殺された牧師の血が図書室の暖炉の前に消えない染みをつくったとされるが、その後の科学的分析の結果、その染みは実際には豚の血で、その部屋に使われている木材は少なくとも殺人から一〇〇年は後のものだと証明された。もっとも、この殺人事件がバッダースリー・クリントンの最も古い部分で実際に起こったということは文書に記録が残っている。逆上して牧師を殺した後、自分の行いを謙虚に反省し後悔したニコラスは、国王と法王の赦しを求め、教会に寄付を行った。一五一七年に死亡した彼は、バッダースリー・クリントンの玄関下に埋葬してもらうことで最後の罪滅ぼしをした。ここから屋敷の中に入る人すべてが自分を踏みつけるようにしたのである。

❖　❖　❖

ベルトン・ハウス
BELTON HOUSE

❖リンカーンシャー

この静かな環境にたたずむ古い邸宅には、数多くの幽霊話が伝わる。一六八五年から八八年にかけて建設されたベルトン・ハウスには、王政復古時代［一六六〇～八八］のイングランドの自信と楽観主義が表現されている。一九世紀にはカリスマ性のある第三代ブラウンロー伯爵のもとで、ベルトンは第二の黄金時代を謳歌した。王政復古期に思いをはせる熱烈な愛好者たちにとっては幸いなことに、伯爵はゴシックなら何でも評価する当時の流行には背を向け、邸宅も庭も以前のスチュワート様式の壮麗さを取り戻すように手を尽くした。

ここには多くの幽霊がらみの物語があり、謎めいた「黒い服の貴婦人《レディ》」の幽霊についてはさまざまな目撃報告がある。また、対照的に黄金の光に包まれた「ベルトンの輝きの婦人《ブライト・レディ》」が、しばしば主階段ホールに現れるという話もある。こちらは一七世紀初めにベルトンに住んでいたアリス・シェラード夫人の幽霊らしい。「王妃の寝室《クイーンズ・ベッドルーム》」は間違いなくベルトンの最も有名な「黒服の紳士」がすみついている場所で、背の高いこの紳士は黒い帽子に肩マントをはおっている。ここはウィリアム四世に先立たれたアデレード王妃が一八四一年にベルトンを訪問した際に使った部屋だった。そのほかに、グレーの服を着た謎めいた紳士の幽霊についての報告もある。

黒服の紳士と黄金の光は、最近になってからも邸宅のスタッフに何度か目撃されている。家政婦《ハウスキーパー》の幽霊が仕事中の清掃スタッフたちの会話に聞き耳を立てているという話もある。

▼「ベルトンの輝きの婦人」が姿を現す階段ホール

実際に、ナショナル・トラストがこの邸宅を取得したばかりのころ、この家で働いていた女性が、とくに「チャペルの応接間《ドローイング・ルーム》」の掃除が楽しくてしかたがない、と話していた。自分の誠実な働きぶりを幽霊に観察されることを誇らしく思っていたからだ。

ベルトンの幽霊物語の中でもとくにゾッとさせられるのは、家の中の暗い廊下の壁にかかる額入りの家系図にまつわるものだろう。このブラウンロー家の家系図の樹の先に、いつしかもうひとりの人物が「育ち」始めた。時代もののドレスを着て真珠のネックレスをつけた、影のような女性の姿が浮かび上がっているのだが、その女性には首から上がない……

❖　❖　❖

ベニンバラ・ホール
BENINGBROUGH HALL

❖ノース・ヨークシャー

「ヨークのカントリーハウスと庭園」として知られる現在のベニンバラ・ホールは、同じ敷地内のすぐ近くにあった後期エリザベス朝様式の家を建て替えたもので、一七一六年に完成した。この家は有名な殺人事件の現場になったが、それがいつ起こったのかについては一六七〇年代とも一七六〇年代とも言われている。痴情のもつれにより殺害された犠牲者の幽霊が、その後何世代にもわたってこの家にとりついてきた。

この殺人事件をかなり脚色したものが、匿名の著者が書いた一八三六年のゴシック小説『ベニンバラ・ホール――一八世紀の物語』となって残っている。この小説によれば、家政婦のマリオンが猟場番人《ゲームキーパー》のマーティン・ジャイルズと恋に落ちた。しかし、ふたりの関係に嫉妬した屋敷の家令《スチュワード》フィリップ・ローリーが、ヴェイシーという名の地元の密猟者にマ

▼ベニンバラ・ホール——貴賓用の更衣室からは南側正面の廊下を端まで見通せる。

「……屋敷の家令
フィリップ・
ローリーが、
ヴェイシーという名の
地元の密猟者に
マリオンを殺すよう
そそのかし、
死体をウーズ川に
投げ捨てさせた……」

リオンを殺すようそそのかし、死体をウーズ川に投げ捨てさせた。どうやら、ふたりの共通の敵で、フィリップの恋敵でもある猟場番人を犯人に仕立て上げようとしたらしい。

しかし、ヴェイシーはその後、猟場番人のコテージに侵入したところを捕まってしまう。驚いたことに彼は殺人を自白し、ヨークで絞首刑になった。フィリップ・ローリーのほうは自害した。ウーズ川の土手をさまよって正義を求めていたといわれるマリオンの幽霊が、彼らを悲惨な最期へと導いたのだろうか？

最近になって、ボランティアの案内係《スチュワード》のひとりで元警察官の女性が、玄関ドアの窓ガラス越しに、ツイードのジャケットを着た、どことなく覚えのある人物が、玄関ホールのピアノの横に立っているのを見てぎょっとした。家の中に入ってみると、見えたと思った人物の姿はそこにはなかった。彼女は自分が見かけた男性が、古い写真だけで知る、二〇世紀初めにこの家に住んでいたドーニー家のひとりに驚くほど似ていたことに気がついた。

❖ ❖ ❖

ベリントン・ホール

BERRINGTON HALL

❖ヘレフォードシャー

ブレコン・ビーコンズ国立公園の雄大な谷の風景を優雅に見下ろすベリントン・ホールは、ジョージ王朝様式［ジョージ一～四世時代（一七一四～一八三〇）の様式］の優れたカントリーハウスの例にもれず、静かな自信と美的魅力をあわせ持つ。やや簡素な外見のこの邸宅は、一七八三年にヘンリー・ホランドの設計で建てられた。現在は造園家ランスロット・〝ケイパビリティ〟・ブラウンの代表作とされる実に魅力的な風景式公園のおかげで、そのいかめしさが和らげられている。

……鍵は紛失したままで、
扉は何年も
閉じられたままだった。
人影は何の痕跡も残さず
消えていた……

中庭から見た厩舎棟。ここで馬の幽霊が目撃された。

「理性の時代」[一八世紀]の価値観を体現する建築であるからか、この家では幽霊の話は聞かないようだ。所有者の故コーリー卿はその点については確信していた。しかし、この一〇年ほどの間に敷地内の庭と離れの建物、とくに厩舎のあるあたりで、不可思議なものを見たという確かな情報が寄せられている。

たとえば現在の庭師は次のような経験を語る。一九七〇年代末のある日の昼さなか、庭師が敷地内の作業場近くの土地の手入れをしていると、厩舎の扉の鍵を開ける人物の姿が見えた。しかし、これはありえないことだった。厩舎の鍵はその何年か前に紛失していたからだ。その日、ベリントン・ホールは一般公開されておらず、姿の見えた人物は一緒に働く仲間ではなかったので、困惑した庭師は様子を見に行くことにした。すると、厩舎はしっかり鍵がかかった状態で、そこには誰もいなかった。他のスタッフにも確認してみたが、誰も厩舎には近づいていない。鍵は紛失したままで、扉は何年も閉じられたままだった。人影は何の痕跡も残さず消えていた。

もっと最近の一九九五年には、雇われたばかりのふたりの清掃スタッフが、仕事を終えたら厩舎にいる二頭の馬を見に行っていいか、と資産管理人に尋ねた。来る途中で厩舎の開いたドアの奥に馬がいるのを見かけていたのだ。もう何年も前からこの屋敷には馬は一頭もいない、と説明されたふたりは、その後は厩舎棟に入るアーチをくぐることを頑として拒んだ。

これらの奇妙な出来事を解明するかもしれない、ふたつの説がある。どちらも二〇世紀前半のこの家の歴史に関連したものだ。初代コーリー卿は一九〇〇～〇四年ごろに建物の一部を改築して現在の厩舎棟をつくった。一家の男性たちは全員が乗馬好きだったが、痛ましいことに、彼の四人の息子のうち三人が第一次世界大戦中にフランスの戦場で命を落としてしまった。

二度の世界大戦の間、ベリントン・ホールは負傷兵と療養兵のための病院として使われていた。回復期の患者たちはリハビリの一部として軽い運動をするように勧められる。乗馬は心と体の両方の回復に優れた効果を発揮すると考えられたことだろう。だとすれば、大股で厩舎に向かっていく人影や、馬房にいる二頭の馬を見たという話は、過去の出来事の残影が現代の霊感の強い人たちによって感知されたものかもしれない。

❖　❖　❖

ブリックリング・ホール

BLICKLING HALL

❖ノーフォーク

ノーフォークのブリックリング・ホールは、この国でもとくに有名な亡霊たちが出没する場所として知られている。現在のジャコビアン様式の邸宅は、アン・ブーリンがまだ若いころに暮らしていた中世のマナーハウス跡に立っている。アン・ブーリンはヘンリー八世の二番目の妻になり、男子の継承者を産むことができなかったために悲劇の運命をたどった。すでに未来のエリザベス女王の母親となっていたアンだったが、待望の男子を流産したために、国王ヘンリーは怒りのあまり一五三六年に彼女の処刑を命じた。あわれなアン・ブーリンの幽霊が「灰色の貴婦人《グレー・レディ》」としてブリックリングをさまよっているといわれる。

毎年、アン・ブーリンが処刑された五月一九日の夜になると、首のない御者の引く馬車に乗った彼女の幽霊が、自分の首をひざに抱えてブリックリングの屋敷へと丘を上ってくるという話はよく知られている。馬車は屋敷の正面玄関に到着すると、そこですーっと消

捕らわれの身となった私は、
この恐ろしい塔の中で、
子ども時代の光景に思いをはせる
そうすればこの闇の中の時間に安らぎが訪れ、
心が軽くなるから
ブリックリングの土地と、
あの柔らかい緑の草地の上を、馬で走りたい
静かなあの土地には、
無邪気な田舎娘だった私をあざ笑う
残酷な企みなど存在しない……
……ああ、あのまだ小さかった
子ども時代に戻って
ブリックリング・ホールの
バラの小道を歩けたらいいのに

——アン・ブーリンがロンドン塔で処刑を待つ間に書いた詩の抜粋

ブリックリング・ホールの湖の上に早朝の霧が漂う。

えてしまう。また、アンの死の知らせがブリックリングに届いたとき、首のない四頭の馬が首のない男の体を引きずって走っているのが見えたという言い伝えもある。この幽霊馬車は一晩の間にノーフォークの一二の橋を渡ったという。

これほどドラマチックではないにしても、「灰色の貴婦人」を屋敷の周りで目にしたという話は数多くある。ナショナル・トラストが一九四二年に取得する前に、最後にブリックリングを個人で所有していたのはロジアン侯爵だった。現実的で冷静沈着な彼の執事がある晩、湖のほとりでアン・ブーリンの姿を見かけた。アンはレースの襟がついたグレーの長いドレスを着て、頭をすっぽり覆うふんわりした白い室内帽《モブキャップ》をかぶっていたという。どなたか探しておられるのですか、と執事が尋ねると、彼女はこう答えた。「私が探しているものは永遠に失われてしまいました」

一九七〇年に、ふたりの荷物配達人が車でブリックリング・ホールにやってきた。修復とクリーニングのために専門家に送られていた絵画を返却するためだ。その日、屋敷には当番のスタッフがふたりいるだけで、彼らは外の扉の鍵をかけ直すのに手間取ったため、配達人ふたりを先にダイニングルームへ行かせた。玄関に戻ってきた配達人に絵の受け取りのサインが必要かどうか尋ねると、片方から「ああ、奥様にサインをいただきましたので……晩餐室《ダイニングルーム》にいたご婦人です」という答えが返ってきた。スタッフが書類を見せてもらうと署名はどこにもなかった。それでも配達人ふたりは、婦人は一言も話さなかったが、「首のあたりに白いものがついた古風なドレスを着た」その婦人が、受領書を受け取りサインしたと言い張った。中を調べてみると、晩餐室には誰もいない。屋敷のどこにもほかに人の姿はなく――そこにいたのは当惑した四人の男たちだけだった。壁には返却されたばかりの絵が立てかけられていた。それは、アン・ブーリンのただひとりの子であるエリザベス一世を描いた有名な「ディッチリーの肖像画」だった。

もし伝説を信じるなら、ブリックリングにすみついている幽霊はアンだけではない。サー・ジョン・フォルストフ（シェイクスピアの作品に登場するフォルスタッフのモデルになった人物）も、この屋敷や敷地をさまよっているらしい。同じように、第四代準男爵サー・ヘンリー・ホバートの命日である八月二一日になると、一六九八年の決闘で致命傷を負った彼の断末魔の叫びが西塔の寝室から聞こえてくるという。この部屋にはただならぬ妖気が漂っている。スタッフの飼い犬はこの部屋には絶対に入ろうとせず、敷居のところで止まって毛を逆立たせ、びくっとしたりうなり声を上げたりする。この寝室では確かに超常現象が集中して起こるようだ。第二次世界大戦中にこの部屋を使っていた英国空軍の指揮官は、部屋の三つのドアをどうしても全部閉まった状態にすることができず、つねに苛立ち、とまどっていた。

❖　❖　❖

ブロックハンプトン・エステート

BROCKHAMPTON ESTATE

❖ウースターシャー

現在の資産管理人レス・ロジャースによれば、ロワー・ブロックハンプトン・マナーハウスは「灰色の貴婦人《グレー・レディ》」にとりつかれている。多くの見学者が二階の一室で彼女と遭遇してきた。レス自身は実際にこの幽霊を見たことはないが、急に部屋の温度が下がるのを感じたり、主寝室の隅にいるときに誰かが自分の隣に立っている気配を感じたりする。「灰色の貴婦人」が現れるときには、それに先立ってとても甘い香りが漂うことが多い。彼女を

ロワー・ブロックハンプトン・マナーハウス。手前にあるのが門番小屋。

「……彼女も彼女の娘も、時々誰か、あるいは何かにやさしく髪をなでられているように感じることがあった……」

見たという人たち全員が、ヴィクトリア朝時代のドレスを着た女性だと表現している。最近では、地所で働く作業員の六歳の娘が芝生の上でひとりで遊んでいると、「貴婦人」が近づいてきて、「ご機嫌いかが？　何をしているの？」と尋ねた。彼女はそのまま芝生を横切って門番小屋を通り抜け、礼拝堂のほうへ歩いていった。この日、屋敷は一般公開されていなかった。

ここにひとりで住んでいた元スタッフの女性は、ブロックハンプトンで数多くの不思議な経験をしたという。誰かがベッドに入ってきて隣に横たわり、彼女の肩に腕を回した気がしたこともあった。それが起こるたびに力いっぱい抗議するのだが、そうすると、とたんに気配は消えてしまう。飼い犬のシェパードがおかしな反応を見せることがなければ、自分の空想だと片づけてしまっていたかもしれない。犬は背中の毛を逆立たせて何もないはずの空間をにらみつけていたのだ。おまけに、前の晩に間違いなく鍵をかけたはずなのに、すべてのドアが開いている。ビジター・サービス・マネージャーも同じように奇妙な気配を経験している――彼女もその娘も時々誰か、あるいは何かにやさしく髪をなでられているように感じることがあった。

レス・ロジャースは前の年の冬、凍るように寒い晴れた日の晩に、幽霊の存在を信じていない大勢の来訪者と一緒に、軽い気持ちである実験をした。いろいろな種類のカメラを使って、屋敷の中と門番小屋の外の写真を何枚も撮ってみたのだ。現像されて戻ってきた写真に奇妙な霧のようなものがたくさん写っているのを見て仰天した。レスは自分のことを「いつもは幽霊の存在については疑ってかかっています——実際に何か見えたり、触われたり、匂いを嗅いだりできれば、考えを変えるかもしれないけれど」と言っていた。しかし、この不思議な霧のようなものについてはどう説明していいかわからなかった。

　こうした奇妙な現象にもかかわらず、ロワー・ブロックハンプトンはそこを知る人々からは、幸福の家と呼ばれている。いつもくつろいだ雰囲気があり、現在だけでなく過去からも温かな歓迎を受けているような気分になるからだ。

❖　❖　❖

バックランド・アビー
BUCKLAND ABBEY

❖デヴォン

人里離れた谷にひっそりと立つバックランド・アビーは、もとは一二七八年に建設された大きな修道院で、英国では最後のシトー修道会の拠点だった。一五三〇年代のヘンリー八世の命による修道院解散により、サー・リチャード・グレンヴィルがこの修道院を買い取った。彼の孫のもうひとりのリチャードは、居住用の建物ではなく教会建築であるこの一三世紀の修道院に住むことに決め、快適だが一風変わった屋敷に改築した。そのため、家の内部は修道院建築の特徴が世俗の生活空間に混じる、不思議な雰囲気を醸し出している。

　サー・リチャードの孫は野心的な軍人で、新世界の植民地化に意欲を燃やしていたが、最大のライバルであるサー・フランシス・ドレークとは違って、自分の計画に王家の引き立てを得ることができなかった。女王から計画の承認を拒否された若きリチャードは、失意のうちにデヴォンに戻り、一五七六年にバックランド・アビーを改修したが、一五八〇年にバックランド・アビーをドレークに売却した。ドレークは、「ゴールデン・ハインド」号で三年をかけて世界を周航するという偉業をなしとげ、英雄としてイングランドに戻ってきたあと、この屋敷を自分のものにできることを喜んだ。新たに得た地位を象徴する立派な家が欲しいと思っていたからだ。彼はここでスペイン無敵艦隊を撃破する計画を立てた。

ドレークと一緒に世界を船で回った有名な太鼓は、今もバックランド・アビーで見ることができる。伝説によれば、一五九六年にパナマで死の床についたドレークは、太鼓を故郷のバックランド・アビーに送り返すように命じ、イングランドが危機に陥ったときに誰かがその太鼓を打ち鳴らせば、国を守るために自分も舞い戻ると誓ったという。しかし、長い年月の間に、この伝説はひとり歩きを始めた。それは太鼓も同じだったようだ。この一〇〇年間に三度、太鼓を打つ不思議な音が聞こえることがあった。最初は一九一四年八月の第一次世界大戦開戦前夜。二度目はその四年後、ドイツ艦隊がスコットランドのスカパ・フロー港で降伏したときに、英国海軍の旗艦ロイヤルオーク号の船上で太鼓を打つ音

◀目が回りそうなバックランドのジョージ王朝様式の階段。

「〝しかしわしが見たのはそれだけではない〟と
男は言葉をついで、〝ヒューゴー・バスカヴィルが黒毛の馬に跨って駆けてゆく後からは、
神も放つを禁じ給うという地獄の犬が嵐のように追いかけて行くのを見た〟と」
――『バスカヴィル家の犬』、アーサー・コナン・ドイル［延原謙 訳］

が聞かれた。船内をくまなく探したが、太鼓はどこにも見つからなかった。三度目は、一九四〇年のダンケルクからの連合軍撤退の最中のことだった。

ドレークはエリザベス女王と宮廷からはイングランドの救世主とみなされていたかもしれないが、地元では超自然的な力を持つ人物として恐れられていた。古くから語り継がれてきたある話によれば、スペイン艦隊がイギリスの海岸に近づいたときにドレークは悪魔と契約を交わして、英軍が勝利する確約を得たのだという。彼の幽霊は現在、首のない馬が引く黒い馬車に乗ってダートムーア国立公園を横切っていくといわれ、馬車の前には一二人の子鬼《ゴブリン》が、後ろには一群の猟犬が吠えながら追っている。この世のものとは思えないその吠え声を聞くと、普通の犬はその場で死んでしまうという。

民俗学者たちの推測によれば、一九〇一年のアーサー・コナン・ドイルの小説『バスカヴィル家の犬』のもとになったのがこの伝説だった。ドイルはデヴォンのイップルペン村近くに住む友人のところを定期的に訪ねていたので、おそらくこの地方の伝説や幽霊話にはなじみがあっただろう。もしかしたら、このあたりに伝わる大地主カベルの話も耳にしていたかもしれない。カベルはひどい悪人だったので、埋葬のときに村人たちが彼の遺体を大きな石板の下に埋め、そこから絶対に動かないようにしたという。それでも、「魔犬《ウイスト・ハウンド》」（あ

るいは「妖犬《イーリィ》」が墓の周りにやってきてうなり声を上げるといわれる。

バックランド・アビーに関連した、ひときわ興味深い幽霊の伝説がもうひとつある。宗教改革前夜の時代の、若い修道士と地元のメイドとの道ならぬ恋についての話だ。ふたりの秘密の関係が明るみに出て、修道院長から厳しい戒めを受けた気の毒な修道士は、どうやら近くの鯉池に入って自殺したらしい。毎日、日が暮れると、彼の幽霊が敷地内の南北のロッジの間の道を歩いているといわれる。はっきりした目撃情報はないが、一部の村人は今も万一に備えて、暗くなってからこの道を歩くことを避けている。

❖　❖　❖

カースルリグ・ストーンサークル
CASTLERIGG STONE CIRCLE

❖湖水地方

カースルリグ・ストーンサークルは、ケズイックの数キロ東、ペンリス古道からほんの少し南に入ったところにある。支柱なしで立つ巨石のサークルは直径およそ三〇メートルで、サークル内に別の一〇個の石が長方形を形作っている。「ケズイック・カールズ」、「ドルイド・サークル」［ドルイドは古代のケルト人社会における祭司］とも呼ばれるこのサークルは、ナショナル・トラストの共同設立者のひとりであるハードウィック・ローンズリー司祭が一九一三年に買い取った。

カースルリグはカンブリア地方では最も見事なストーンサークルのひとつで、五〇〇〇年ほど前のものとされている。吹きさらしの台地の上にあるサークルの中に立つと、周囲には山並みのパノラマが広がり、ひとつひとつの石が（見る人によっては）背景にある山を象徴的に表しているようにも見える。風景がミニチュアとして具現化されたかのようで、ストー

▶カースルリグ・ストーンサークルは三八の巨石から成り、サークルの中にさらに一〇個の石がある。

ンサークルが三次元の図形あるいは周囲の土地の模型の役割を果たしている。公式には石の数は三八とされているが、ここを訪れて石を数えようとしても、答えにたどり着けないことがある。数えるたびに別の数になってしまうのだ。

地元の民話によれば、カースルリグ・ストーンサークルは人間が石になってできたのだという。一八五五年以前に石斧と「棍棒のような道具」が発見され、一八八二年には発掘作業が試みられたが、少量の炭が見つかったものの、陶器やその他の年代がわかる遺物は見つからなかった。

サークルの中央に「地火」が現れたという報告は数多く寄せられている。この現象はエイヴベリーを含め世界中で報告されている。カースルリグでは一九一九年に、T・シングルトンという人物がこの現象を次のように表現した。

ドルイド・サークルの方向にたくさんの光が見えた。そのうち、光のひとつが私たちの立っている場所にまっすぐ向かってきた。最初はほんのかすかな光だったが、徐々に明るさが増してくる。近くまでくると速度が徐々に遅くなり、やがて止まるとそこで震えるように揺らめき、ゆっくりと消えていった想像力を感じさせる——一部の地域では真実とされている——説明のひとつによれば、カースルリグ・ストーンサークルは死者の追悼のための集会場所として使われ、王がやってきて死者を悼んだのだという。この場所で葬送の儀式を行い、死者の魂が迷わず旅立てるようにしたのだろう。

❖ ❖ ❖

CHARLECOTE
チャールコート
❖ウォリックシャー

七〇〇年以上にわたってルーシー家が所有してきたチャールコートは、落ち着いたレンガ造りの壁と大きな煙突が特徴で、チューダー朝時代のイングランドの真髄を凝縮したような建物だ。若いころのシェイクスピアとも縁が深く、彼はこの家のことをよく知っていた。隣接する領地で鹿狩りをしていたところを捕まり、サー・トーマス・ルーシーに罰金の支払いを求められたとも伝えられる。その額の大きさを苦々しく思ったことからサー・トーマスを侮辱するような詩を書き、それが彼のごく初期の作品のひとつになったが、残念ながら今は残っていない。憤慨したトーマスはすぐに罰金を倍にしたため、シェイクスピアはロンドンへと逃亡し、しばらく身を隠さなければならなくなった。

一九四六年、チャールコート・パークはモンゴメリー・フェアファックス＝ルーシーからナショナル・トラストに寄贈された。現在の邸宅はヴィクトリア朝時代のキッチン、洗い場《スカラリー》、洗濯室《ランドリー》、醸造室《ブルーハウス》が一九世紀当時のまま残り、馬車置き場には一家の使っていた馬車もある。それとともに、少なくともフェアファックス＝ルーシー家のひとりがまだこの家にすみつき、邸宅の管理方法に納得がいかないことがあれば、時折自ら対処に乗り出しているらしい。

アリアノア・フェアファックス＝ルーシーは晩年になって、チャールコート・パークの馬具収納室《タック・ルーム》の中に「もうひとつの家」を作った。毎日敷地内のオールド・モルト・ハウスにある自分の家から厩舎まで歩いてきては、馬具保管のための完全に実用目的だった部屋を、徐々に自分だけのための小さな住居へと変えていった。小さな暖炉に火を入れ、その上には剝製の鹿の頭を飾った。

一九七九年にアリアノアが死去すると、ナショナル・トラストはタック・ルームを彼女の独特な人柄を感じさせるような形で残したいと考えた。中を調べてみると、たんすにたくさんの貴重品と重要書類が見つかり、老婦人が身の回りのあらゆる持ち物をその中にしまっていたことがわかった。毛布箱の中にはたくさんのつば広帽があり、そのひとつは疑う余地もなくアリアノアが古い写真の中でかぶっているものだった。その写真は彼女がお気に入りのポニーに乗っているところを写したもので、暖炉の上に飾ってあった。ナショナル・トラストの担当者は、半分は遊び心から、暖炉の上の鹿の剝製にその帽子をかぶせることになった。

「……それとともに、少なくとも
フェアファックス＝ルーシー家のひとりが
まだこの家にすみつき、
邸宅の管理方法に納得がいかないことがあれば、
時折自ら対処に乗り出しているらしい……」

チャールコート・パークのタック・ルーム。
右手の壁にある鹿の頭から、アリアノアの帽子がいつも消えてしまう。

何日かたって、展示担当者は帽子がかけておいたところになく、毛布箱に戻っていることに気がついた。彼は邸宅の管理責任者《ハウス・スチュワード》か清掃係が間違って箱に戻したのだろうと思い、また鹿の頭にかぶせ直して、同僚たちに展示を新しくしたことを伝えた。彼らはとまどった表情を見せた。誰もその帽子には触っていなかったのだ。翌朝になると、帽子は再び消えて――案の定、箱の中に戻っていた。展示担当者は何が起こっているのかわからなかった。タック・ルームは鍵のかかったふたつのドアからしか入れないからだ。恐怖を感じながらも、彼は帽子を鹿の頭に戻し、一晩タック・ルームに鍵をかけておいた。翌朝、おそるおそる鍵を開けてみると、帽子が毛布箱に戻っていただけでなく、アリアノアの写真も消えていた。明らかに彼女にはその展示がお気に召さなかったようだ。

❖ ❖ ❖

チャートウェル
CHARTWELL

❖ケント

チャートウェルほど、かつての住人の気配が強く感じられる住居はめったにないだろう。ここはウィンストン・チャーチルが一九二四年から生涯を終えるまで過ごした家だ。部屋は彼がこの世を去ったときとほとんど変わらない状態で保たれ、絵画や書物、地図、その他の記念の品にはこの偉大な政治家のキャリアと関心が色濃く反映されている。

当然といえば当然だが、多くの人がこの場所にきて元首相が今もそこにいるような気配を感じ取りたいと望んでいる。おそらく、見学者が建物内を回っている間に部屋から葉巻の煙が漂ってきたと口にするのは、そうした願望からくるものだろう。しかし実際には、チャートウェルにまつわる最も魅力的な幽霊話は、チャーチル自身が書いたものだ。ある日、彼の死んだ父ランドルフが、目の前に現れたという話である。

「夢」と題した記事の中で、サー・ウィンストンは、一九四七年一一月の霧が立ち込めた午後に起こった感動的な出来事について書いている。その日、彼はチャートウェルの庭にある書斎で、傷みが目立つ父親の肖像画の複製を描こうとしていた。強い昼光色のランプを使い、父の特徴を再現することに熱中して――「我を忘れて集中し」――九〇分ほどたったころ、突然妙な感覚に襲われ、ふと目を上げると、赤い革の肘掛け椅子に父が座っていた。それは、ウィンストンがまだ若かったころの記憶に残る父親の姿だった。「記憶の中の上機嫌のときの父そのままだったので、私は自分の目が信じられなかった。恐怖は感じなかったが、そのまま動かず、近寄らないほうがいいと思った」と書いている。

チャーチルは続けて、その後のふたりの会話について語っている。彼はこの状況に驚いている父親に、彼の死から五〇年ほどの間に何が起こったかを、すべて話して聞かせた。ふたつの世界大戦から政治の混乱、絵を描くことや競馬、家族についてのうわさ話、さらには所得税やインドに関することまで、話題は五〇年の間に世界がどれだけ大きく変わったかについて、幅広い範囲に及んだ。ふたりの会話はランドルフが息子への失望を表す言葉で終わった。「もちろん、おまえはもう若くはないようだから、今更そうした考えはないかもしれないが、今の話を聞いて、おまえが政治の世界に進まなかったことが不思議でならない。おまえなら国のために大きな仕事ができただろうに。功成り名をあげることだっ

「……ランドルフはマッチを取り出してたばこに火をつけると、
そのままふっと姿を消した……」

CHURCHILL, M. P

てできただろう」。ランドルフはマッチを取り出してたばこに火をつけると、そのままふっと姿を消した。

この鮮明につづられた物語は話半分に受け止めたほうがいい。これが書かれた一九四七年一一月、ウィンストン・チャーチルは七〇代で、チャートウェルで不本意ながら半引退生活を強いられていた。第二次世界大戦中の大半を通じて国を率いたにもかかわらず、二年前に選挙民から拒絶されたことにまだ心を痛めていた。彼は『第二次世界大戦回顧録』を書くことに忙しく、成人後の人生で経験した激動の世界についての解説やそれを表現する方法が、頭の中の大部分を占めていたはずだ。父親が息子の業績の小ささに失望したという皮肉な言葉は、まったく逆の意味を込めた冗談とも考えられる。

しかし、チャーチルほどの人物がただ政治的な点数稼ぎのためだけに、この世を去って久しい、愛する父親の幽霊話をでっち上げたりするだろうか、と多くの人は考えるかもしれない。おそらく、その疑問に最も納得のいく答えを与えるのが、チャーチルが同じ月に、

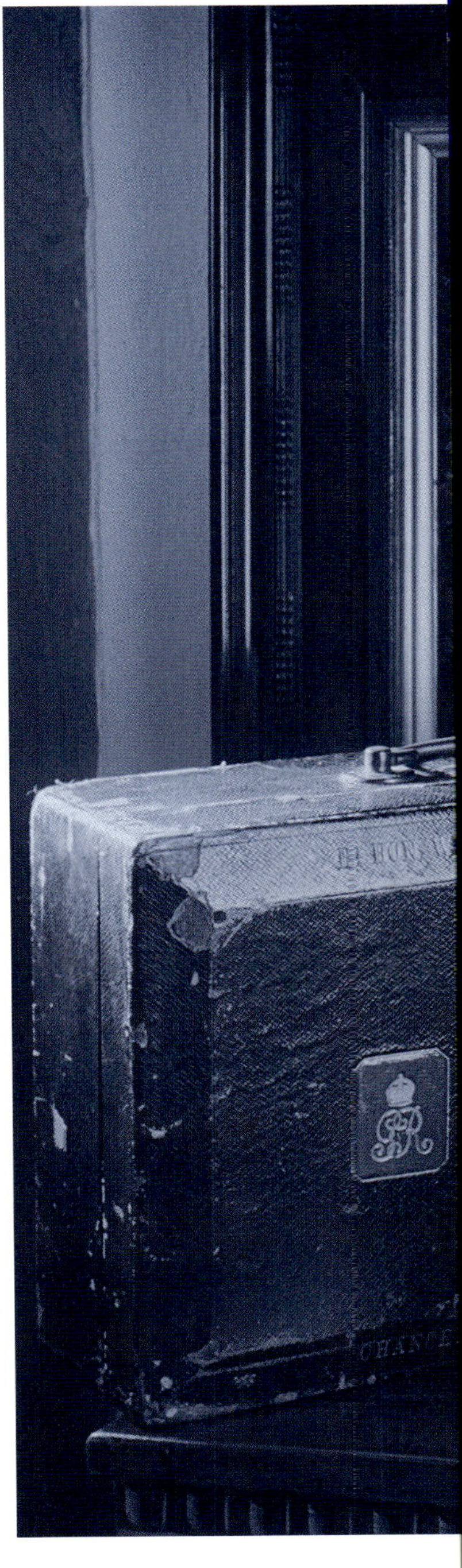

▶チャートウェルの書斎。アタッシュケース、帽子、書物の後ろにウィンストンの父であるランドルフ・チャーチルの肖像画がかかっている。

静かな夕食の席で娘のサラと交わした会話だろう。サラは空っぽの椅子をチャーチルに指し示して、この椅子に誰かを呼べる力があるとしたら誰を選ぶかを尋ねてみた。彼女はチャーチルの生涯の英雄であるナポレオンか、祖先のモールバラ公爵［一八世紀初めのスペイン継承戦争でイギリス軍最高司令官をつとめた初代］あたりの名前があがると思っていた。ところが、チャーチルはためらうことなくこう答えた。「もちろん、私の父さんだよ」。真実がどうであれ、赤い革の肘掛け椅子は、ランドルフの肖像画とともに今も書斎に残っている。

❖ ❖ ❖

CHIRK CASTLE
チャーク城
❖レクサム

▼チャーク城のアダムの塔にある廊下。

クルーイド州に国境領地《マーチャー》の城塞として壮大なチャーク城が築かれたのは一三一〇年のこと。外観はいくぶん厳めしいが、ゆったりくつろげる優雅な大広間や居室、幾何学的配置に整えられた庭がある。アダム様式［ロバート・アダム（一七二八～九二）によるイタリアの新古典主義に影響を受けたデザイン］の見事な家具、タペストリー、肖像画で飾られたこの城館は、暮らすには快適な場所だ。ビジター・サービス・マネージャーのケネス・アントニスは、敷地内に妻と幼い息子と娘の四人で暮らしている。一家は自分たちのほかに今もしっかりこの城に根を下ろしている幽霊の住人たちの気配をたびたび感じてきた。

アントニスの家族の住むアパートメントは、古くは子ども部屋だったところにある。そのせいか、子どもたちが騒がしく廊下を行き来する足音や、興奮したようすで見えない家具を引きずっているかのような物音を、時間かまわず、真っ昼間でさえ耳にすることがある。ケネスと妻は不気味な人影や物事を実際に目にしたことはないが、娘はたくさんの幽

「……すべての部屋は鍵をかけて警報装置をセットしてあり、中で少しでも動きがあれば探知される……」

霊の住人たちに遭遇してきた。彼女が四歳のころ、朝早く目を覚ますと「緑のパジャマを着た夫人」がベッドの前に立っていた。両親はそれ以来、娘が見えない誰かとおしゃべりする声を聞くようになった。誰と話しているのか尋ねられると、彼女は無邪気に「大きなドレスの女の人」と答える。見えない住人たちとは何の問題もなくうまく付き合っているようだ。

子ども部屋の霊たちはいたずら好きのようだが、害を与えることはなく、たいていは愛情のある態度を示す。ケネスは布団の端から突き出した彼の裸足のつま先を小さな手が引っ張るのを感じて、一晩に三度も目を覚ましたことがある。客室にケネスの弟が泊まったときには、ベッドに寝ている彼の頭を誰かが優しくなでているような気がしたという。

城内の他の場所でも、チャーク城の長い波乱の歴史を彩ってきた人物が時折目撃されることがある。ある清掃係は「茶色の服を着た陽気な男性」を時々目にすることがあるが、その正体は明らかではない。元スタッフはふたりの兵士がもうひとりを担架に乗せて運んでいるところを城の中で見たと報告した。最近では、ある夜、戸締りを終えた後で応接間《ドローイング・ルーム》の自動警報装置が鳴ったので、ケネスが様子を見にいくと、鍵をかけたはずの部屋で、警報を鳴らしたブザーが椅子の上に放り出されていた。いつもはフォルダーの中に隠してあるものだ。不思議に思いながら警報をリセットして、再び部屋の鍵をかけたが、翌朝になると、再びブザーが別の椅子の上にあるのを清掃係が見つけた。すべての部屋は鍵をかけて警報装置をセットしてあり、中で少しでも動きがあれば探知される。ケネスはこの現象をどう説明していいかわからず、「危険を感じることはないが――ただギョッとしますよ！」と語っている。

シスベリー・リング
CISSBURY RING

❖ウェスト・サセックス

ワージングの町からも近い、サセックス丘陵《ダウンズ》南麓の最高地点に、イギリスでもとくに大きく感銘を与える鉄器時代の丘上要塞《ヒルフォート》がある。シスベリーは紀元前二六〇年ごろに建設された二五ヘクタールの楕円形の要塞で、周りを一本の溝と土塁に囲まれている。これを建設した種族はこの場所を砦にするために推定六万トンの石灰岩を運んできた。

丘の上と砦の下には、石器時代の二〇〇ほどのフリント石の採掘坑がハリエニシダとワラビの茂みに隠されるように存在する。なかには深さ一二メートルを超えるものもあり、地下で何本かの通路でつながっている。これらの採掘坑に二体の骸骨が見つかった。ひとつは若い女性のもので、過って立て坑に落ちて死んでしまったものと思われる。もうひとつは若い男性のもので、おそらくは鉱夫のものだ。採掘坑はその上に建設された砦より二〇〇〇年以上も古い時代のものだった。

シスベリー・リングのフリント採掘坑を最初に発掘したのは、ヴィクトリア朝時代のピット＝リヴァーズ将軍［一八二七～一九〇〇］で、変わり者だがカリスマ性のあった彼は、科学的考古学発掘調査の先駆者として広く認められている。彼は発掘作業で坑道のひとつを探検している間に起こったおぞましい出来事について記録を残している。

▼シスベリー・リングを横切る石灰岩の小道は、かつて追いはぎが通った道で、彼はおそらく今も利用している。

……この
追いはぎの幽霊が、
その悪行についに
終止符を打たれた場所へ、
馬に乗って
現れたところを
目撃されたのだ……

「今しがた、完璧な形で残る人間の立派なあごの骨が上から落ちてきた。見上げるとふたつの石灰岩の破片の間に、鉱床に下向きに固定され、顔を西に向けた骸骨の残りの部分が目に入った」

この地域はずっと以前から気味が悪いと評判の場所だった。伝えられる話のひとつに、一八世紀にシスベリーで処刑された追いはぎのものがある。この男は息絶える前に「死んでも安らかに眠ったりはしない」と誓っていた。彼の死体は道路の真ん中に埋められたが、不思議なことに死体がなぜか地表に浮き上がってくるため、完全に埋めてしまうまで何度も大変な作業を繰り返さなければならなかった。しかし、話はこれで終わりではない。この追いはぎの幽霊が、その悪行についに終止符を打たれた場所へ、馬に乗って現れたところを目撃されたのだ。その道を通る人たちは、追いはぎの姿に驚かされるだけでなく、その幽霊を突き抜けてまっすぐ進むことができるとわかり、二重にぎょっとさせられた。馬車や荷馬車の御者は、道を走っている間に大きな障害物の上に車輪を乗り上げたように感じるのだが、調べてみても何もない。

❖　❖　❖

クランドン・パーク
CLANDON PARK

❖サリー

サリー州のギルフォード近くにある壮麗なパラディオ様式〔一六世紀のイタリアの建築家アンドレア・パラディオの影響を受けた建築様式〕のこの邸宅は、一七三〇年ごろにヴェネツィアの建築家ジャコモ・レオーニが建てたものだ。依頼主は第二代オンズロー卿トーマスで、彼は一家の古いエリザベス朝様式の邸宅内部を、当時の建築の「必須条件」だった、美しい装飾が際立つバロック様式の部屋で揃えたいと考えた。

通常の二倍は高さがある大理石の玄関ホールや精細な模様を描く石膏細工《プラスターワーク》など、確かに内装は見事だが、一九世紀の居住者のひとりが、この屋敷は幽霊にとりつかれているのでもうここには住めないと言い出した。白いドレスを着た婦人が恐ろしく大きなナイフを手に庭を横切る姿が目撃されたのだ。大勢の使用人たちが止めようとしたが、彼女は冷酷な表情を崩さずそのまま進んだ。そのとき、他の者より勇敢だった使用人のひとりが彼女に向けて銃を撃ったが、驚いたことに婦人は気にも留めず、声さえ聞こえなかったかのように、まっすぐ壁に向かって歩き続け、そのまま姿を消した。

二〇人以上が目撃したこの婦人の幽霊は、おそらくこの家の最初の女主人であった、エリザベス・ナイトという名の、とても裕福な遺産相続人のものと考えられている。彼女は湖で自殺したので、なぜナイフを持っていたのかはまったくわからない。別のときには、エリザベスが家の正面の壁を通り抜け、すべての部屋に姿を現したあと、裏側の壁を抜けて消えていった。

一八九七年にこの家を訪れたある客は、舞踏会用のドレスを着た美しい女性が階段を上る姿を目にして興味をそそられた。しかし、その女性が目の前で姿を消したことで、興味は驚愕に変わった。エリザベスは「パラディオの部屋」にも現れるらしい。第一次大戦中にこの家が病院として使われていた間にも、兵士たちが彼女の姿を目撃している。

最近では、かつてメイドが首をつって自殺したとされる屋根裏部屋で、強い花の香りがするとスタッフが話している。敷地内の庭には、男の幽霊もうろついているらしい。この幽霊は顔に濃いひげが生えているのですぐに見分けがつく。また、別の女性の幽霊につい

「……白いドレスを着た婦人が恐ろしく大きなナイフを手に庭を横切る姿が目撃されたのだ……」

ての話もあり、こちらは黒い服を着ているという。

▶クランドン・パークの正面入口。壮麗な屋敷だが、ある居住者は白いドレスを着た女性の幽霊を見て、あまりの恐ろしさに住み続けることができなくなった。

CLAYDON HOUSE
クレイドン・ハウス

❖バッキンガムシャー

クレイドン・ハウスにはヴァーニー一族が三八〇年以上にわたって住み続けてきた。この一族のひとりで一六四二年に死亡したサー・エドモンド・ヴァーニーの霊が、どうやらこの家を去ることを拒んでいるらしい。邸宅は一八世紀に建て直され、その後は木彫家のルーク・ライトフットがこの邸宅の贅を凝らした内装で名を成した。サー・エドモンドが今もこの家を訪れることを楽しんでいるのももっともだろう。ライトフットの手がけた内装は、クレイドンにちょっとした地上の楽園のような雰囲気を与えているからだ。

エドモンド・ヴァーニーは一五九〇年に生まれた。国王チャールズ一世の政策には不賛成だったものの、君主への個人的忠誠心は強く、筋金入りの議会派だった息子とは疎遠だった。悲惨な結果をもたらした一六四二年のエッジヒルの戦い［清教徒革命の最初の戦闘］では、五二歳という年齢で国王の旗手を務めた。サー・エドモンドは敵軍に屈する前に一六人の議

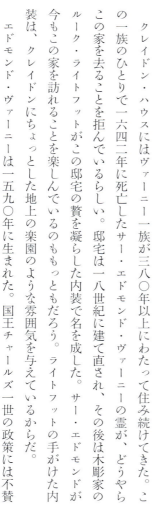

クレイドン・ハウスのフローレンス・ナイチンゲールの部屋。
客人たちはこの部屋で女性の幽霊を目にしてきた。

「私の命は私のものだが、私の王旗は国王に属する……」

会派を殺したのち敵の手に落ちた。クロムウェル配下の兵士たちによって捕らえられ、倒れて死ぬ間際になっても、不滅の忠誠の象徴である軍旗を握って離さなかった。そのため円頂党員［議会派］たちは彼の手首を切り落として、軍旗を奪ったことを示した。

彼の遺体は回収されずじまいだったが、印章つき指輪《シールリング》で本人とわかるその手だけはミドル・クレイドン教会の地下室に安置されている。何世紀もの間、エドモンドの幽霊が取り乱したようすでクレイドンの二階をさまよっていたり、階段に立っていたりする姿が目撃されてきた。夜になると、彼の切り離された手が閉じられた寝室のドアをノックするといわれる。

クレイドンではこれよりもう少し穏やかな霊も目撃されている。フローレンス・ナイチンゲールの姉がヴァーニー家の人物と結婚したため、「ランプを持つ貴婦人」と呼ばれたナイチンゲールも客人としてこの屋敷を頻繁に訪れ、専用の寝室を用意されていた。現在もこの寝室には彼女の人生を象徴する記念の品が置かれている。訪問客たちは、夜になるとナイチンゲールの古い寝室やその近くに現れる、長い灰色のドレスを着た女性の姿に驚かされる。

❖ ❖ ❖

CLOUDS HILL

クラウズ・ヒル

❖ドーセット

ドーセットの静かな土地にぽつんと立つ、白漆喰塗りのレンガとタイル造りの小さなコテージが、一九二三年にT・E・ロレンス（アラビアのロレンス）の家になった。第一次世界大戦の伝説の人物で、カリスマ性にあふれたロレンスは、近くのボヴィントン基地での軍隊生活から、そして望みもしない名声から逃れられる場所を必要としていた。居室は質素で品がよく、ロレンスが突然のオートバイ事故でこの世を去ったときとほとんど変わらないまま残されている。

一九三五年に英国空軍を退役した二カ月後、ロレンスはブラフ・シューペリアという高出力のオートバイでお気に入りの家に戻る途中、近くの田舎道を自転車で走っていたふたりの少年を避けようと急ハンドルを切って重傷を負い、その六日後に病院で死亡した。それまでの一二年間、隠れ家として使っていたこのコテージには、ロレンスの霊がさまよっているといわれる。死亡して間もないころから、多くの目撃情報が寄せられるようになった――夕暮れどきにアラブの服を体にまとわりつかせた人物がこのつつましい家に入るところを目にされたが、その正体は明らかではない。この謎めいた人影を追って目撃者がコテージに入ってみると、中には誰もいなかった。また、アラビアの戦場で戦っていたころ

「いいえ、野生の雌馬でさえ、
しばらくはクラウズ・ヒルから私を引き離すことはできないでしょう。
ここは地上の楽園です。
ここにふさわしい人間になるまで滞在を続けるつもりです」

――T・E・ロレンスが、一九三五年の死の直前にアスター卿夫人に書き送った手紙

ひっそりとたたずむクラウズ・ヒル。ここはT・E・ロレンスの家だった。

にロレンスが親しくなったアウダ・アブ・タイが図書室にいるのを見たという話もある。
ロレンスのオートバイ事故に関連した幽霊話も数多くある。路上でオートバイが迫ってくる音が聞こえ、そろそろその姿が目に入るだろうと思った瞬間に、突然音が止まったと話す人たちもいた。間違いなく、ロレンスの死には不可解な点がある。検視官はそれを「まったく納得がいかない」と表現し、ロレンスの「静まらぬ」霊が近隣の人々に危険をもたらすかもしれないといううわさが広まった。一九八五年にはロレンスの没後五〇年を記念して、致命的な事故が起こった現場で一連の悪霊払いが実施された。その日以来、オートバイの幽霊の報告はなされていない。

❖　❖　❖

コーフ城

CORFE CASTLE

❖ドーセット

コーフ城村の歴史はとても古く、六〇〇〇年前にはすでに人が住んでいたといわれる。荘厳で陰鬱なコーフ城の廃墟が、村を見おろす場所にそびえている。環を作るように周りを取り囲む一二の塚は、この地域に住んでいた多くのケルト族の首長の妻たち、「一二人の花嫁」の墓とされている。

コーフ城はパーベック丘陵を通るルートの要所を押さえ、攻め込まれにくいというその立地から、戦略的に重視されていた。その歴史を通して、この城は謀略と裏切りとごまかしの舞台となり、国王たちでさえそれを免れることはできなかった。伝説によれば、アングロ・サクソン族の王位継承者「エドワード殉教王」は、一八歳だった九七九年に継母エルフリダ王妃の命令によりコーフ城で殺された。王妃は自分自身の息子でのちに「無策王」と呼ばれるエセルレッドに、なんとしてでも王位を継がせようとしたのだ。
エルフリダが暮らしていたアングロ・サクソンの宮殿は、ノルマン人による征服後の一〇九〇年に再建され、それから数世紀の間は高位の権力争いの舞台となった。中世には王家の五つの城のひとつとなる。ジョン王はこの城に戴冠用王冠を保管し、また二二のフランス人を捕らえて餓死するまで地下牢に幽閉した。エドワード二世はコーフ城に投獄された後、おぞましい殺され方をした（彼の遺骨は近くのシャーボーンの銀行の金庫にあるといわれる）。ヘンリー七世はこの城を彼の母に与え、その後ヘンリー八世の手に戻された。エリザベス一世は寵臣の大法官サー・クリストファー・ハットンにこの城を売り、その後、スペイン艦隊に対する防御のため要塞化された。

清教徒革命の内戦の間には、バンクス家がこの城を所有していた。一家は王党派で、一六四三年と一六四五年にクロムウェルの円頂党員から激しい包囲攻撃を受けたときには、夫人のメアリー・バンクスが城の防衛を指揮した。しかし、家族の裏切り行為により城は制圧され、罰として、議会派に属する技術者たちの手で爆破された。近くでは時折、子どもの泣き声が聞こえ、白い服を着た首のない女性が廃墟の胸壁や壁をさまよっているという。彼女は包囲された王党派を裏切り、バンクス家と強固な要塞の両方の崩壊を招いた人物と考えられている。さらに、最近では円頂党員の兵士とおぼしき幽霊がショップの商品倉庫に現れるといい、ティールームに幽霊が出るという話もある。

「……白い服を着た首のない女性が廃墟の胸壁や壁をさまよっているという……」

夜明けの靄がコーフ城の南にある墓地を覆う。

COTEHELE
コーティール
❖コーンウォール

テイマー渓谷を見下ろすように立つコーティールは、花崗岩とスレート石を使った初期チューダー朝様式の家で、おもな部分は一四八五年から一五三九年にかけて建設された。この一帯はコーンウォールの主要な通商ルートを形成していた。何世紀にもわたってエッジカム一族が暮らしてきたコーティールは、大きな暖炉と豪華なタペストリーが贅沢な空間を演出している。敷地内の広大な庭園は植物の生い茂る谷間の庭を見下ろし、中世の鳩小屋、ヴィクトリア朝時代のサマーハウス、一八世紀の塔などもある。屋敷や庭には幽霊が出るとうわさされ、得体の知れない人影が目にされることもあれば、「パンチ・ルーム」［ワインのカクテル「パンチ」から名付けられた小さな客間］から魅力的な、だがどこか怪しげな薬草の香りが漂ってくるともいわれる。

コーティールにまつわる最も有名な物語は、本当に「死から生還した」女性についてのものだ。一六七一年、リチャード・エッジカムはレディ・アン・モンタギューと結婚したが、一六七五年に彼女は死んでしまい、その遺体は数日後に一族の地下墓所に埋葬された。葬儀のあった夜、墓堀人が棺を開けて貴重品をあさろうと企み、地下墓所に入った。ところが、死体の指から金の指輪を外そうとしていると、死体がぴくっと動いた。恐怖にかられた男はカンテラを放り出して逃げ去った。自分がどこにいるかに気づいたレディ・アンは、落ち着き払って墓堀人が放り出したカンテラを拾うと、家まで歩いて帰った。思いもよらない彼女の生還に、家族は複雑な気持ちになったことだろう。彼女はそれから四四年間、コー

◀コーティールの「アン女王の間」。「チャールズ国王の間」の一部を仕切って作られたらしい。

「ところが、死体の指から金の指輪を外そうとしていると、
死体がぴくっと動いた……」

ティールで幸せに暮らし、墓堀人がその後どうなったのかについては記録が残っていない。

最近コーティールを訪れた霊能者を自称する人物が、「チャールズ国王の間」でひだ襟の服を着た若い男性の存在を感じ取った。この部屋は超常現象の頻発地帯のようだ。実際に、「ここで何が起こったのですか？」と尋ね、嫌な感じがすると言って部屋に入ることを拒む人たちもいる。確証はないもののチャールズ一世が一六四四年にこの部屋に泊まったという話もあり、確かにこの部屋には不幸な運命をたどったチャールズ一世の時代を想定した家具がそろえられている。とはいえ、「チャールズ国王の間」は一七〇〇年ごろに「アン女王の間」を作るために仕切られている。

幽霊を信じていない女性スタッフのひとりが、とても寒い冬の日にホールの隅にそこだけ「暖かい空気」が流れる場所があるのを感じた。冬が終わると再び屋敷の一般公開が始まるため、彼女はその準備として展示品のよろいから保護用の中性紙を取り除くのに忙しかったのだが、突然、自分の周りの空気が暖かくなったと思ったら、またすぐに元の冷たい空気に戻っていった。彼女はコーティールの休暇用コテージに滞在していた客から、長い服を着た人物が正面のドアを開き、鳥に餌を与えるかのようにかがむと、また中に戻りドアを閉めて玄関ホールに戻っていった、と聞いたこともある。これはとある土曜日の朝、まだ開館時間前のことだった。「滞在客はそのときはそれが奇妙なことだとは思わなかったようです」と、彼女は説明する。「その女性客はこう切り出したのです。『私が今朝見かけ

たのは、あなた？』」

❖　　　　❖　　　　❖

CRAFLWYN HALL
クラフルウィン・ホール
❖スノードニア

ウェールズでは最高峰のスノードン山のふもと、ベズゲレルト郊外にこのむやみに広いヴィクトリア朝様式の邸宅がある。色濃い樹木や低木にほとんど隠されるようにして立つクラフルウィン・ホールは、前世紀の間に幽霊が出ると評判になり、陰鬱な邸宅の雰囲気にぴったりのいくつもの物語が伝えられてきた。

この家が最も栄えたのは一八八〇年代から一八九〇年代のことで、当時はルウェリン・シドニー・イングランド・パリーが田舎の別荘として使っていた。この地所を相続した彼は、妻と家族とともにここで暮らし、裕福な友人たちをもてなすのが好きな資産家の紳士にふさわしい洒落た別荘に磨き上げた。しかし、一八九五年には売りに出してしまい、その後は次々と所有者が変わり、持ち主が代わるたびに運が離れていくかのように、屋敷は徐々にさびれていった。二〇世紀前半には人手不足と増税、大恐慌による経済の悪化のために状況はさらに厳しくなり、所有者が家と周囲の土地両方を維持することはますますむずかしくなった。

一九六〇年代にマンチェスター出身のタクシー運転手、デイヴィッド・ネムローがこの家を購入したことで、クラフルウィンの運勢は少しだけ好転する。ネムローはサッカーくじで大当たりした金で、スノードニアの中心に美しい古い家を持つという生涯の夢をかなえることができた。

思いがけない幸運に恵まれたネムローだったが、一九九〇年には金を使い果たしてしまう。夫妻は部屋を一室ずつ閉めていかざるをえなくなり、やがては居間と台所と寝室だけを使う生活になった。屋敷の外では、巨大なシャクナゲの木が年々じわじわと屋敷に迫って日差しを遮り、建物は晴れた日でさえつねに薄暗かった。夫妻は閉鎖した部屋から、毎晩奇妙な音を聞くようになった。まるで家の中がどんよりと暗くなっていくことに抗議されているかのようで、ふたりは閉じた部屋を調べに行こうとはしなくなった。ある夜、キッチンの椅子でうとうとしていたネムロー夫人がぱっと目を覚ますと、床まで届く赤い絹のヴィクトリア朝時代の室内着を着た美しい女性が目の前に立っていた。「全身がきらきら輝いていました」と夫人は表現している。信じられない思いで見つめていると、女性の姿はどこへともなく消えていった。夫人はそれがパリー夫人だったと確信した。閉鎖した部

▼クラフルウィン・ホールの外観。現在は修復されたが、かつての打ち捨てられ、崩れ落ちそうな廃墟のイメージが多くの薄気味悪い話を生み出した。

「これまでの人生で、これほど薄気味の悪い思いをしたことはありません……
家全体が毒におかされ腐敗しているような感じです」

屋の壁にかかっていた古い肖像画で、社交界の花だった彼女の特徴を覚えていたからだ。

ナショナル・トラストが一九九四年にここを買い取るころには、建物は植物に覆いつくされているといってもよいほどだった。スタッフのひとりは、「太陽の光が差し込むことはなく、いつも影に覆われている」と話している。そのため、ある若い男性が、保全管理のボランティアの仕事を経験させてほしいと申し出たとき、クラフルウィンは彼にとって理想的なプロジェクトのようだった。彼の計画は、日中は野外で働き、夜はネムロー夫妻の元の居室で眠るというものだ。それで建物の防犯対策もできる。若者は喜びいさんで屋敷にやってきて、キッチンにキャンプ用ベッドを組み立てた。しかし翌朝、彼は一晩中眠れなかったと不満をもらした。家の中のどこか別の場所から聞こえてくる物音で眠ることができなかったというが、それだけでなく、悪意を持つ何かの力が家の中を動き回っている気配を感じて、身の毛がよだつほど恐ろしかったとも言っている。彼に仕事を仲介した資産管理人は同情し、古い家は、とくにクラフルウィンのように荒廃した家はどこでも、梁《はり》が腐っていたり、水が浸食したり、屋根に穴が開いていたりで、夜になるときしんだりミシミシいったりするものだ、と言って安心させようとした。そして、自分が夜中に屋敷まで様子を見にきてあげようと、ボランティアに約束した。しかし、実際に家に行ってみると、資産管理人は考えを改めざるをえなくなった。「これまでの人生で、これほど薄気味の悪い思いをしたことはありません」と彼は言う。「家全体が毒におかされ腐敗しているような感じです」ボランティアの男性はキャンプ用ベッドの上に身を起こし、恐怖で固まったまま一瞬たりとも目を閉じようとはしませんでした」。翌朝、真っ青な顔をした若者は、寝袋を丸めると、ほっとした様子で元の生活へと戻っていった。

　その後、クラフルウィン・ホールは完全に修復され改装もされた。見学者は敷地内を歩いて回ることができ、家の中には宿泊設備が整い、一般のグループやワーキングホリデーでやってくるボランティアが利用できるようになった。おそらく歴史建造物保全の専門家、建築業者、作業員の一団の存在と、宿泊する人たちの和気あいあいとした雰囲気が古い家を明るくし、ヴィクトリア朝全盛期の輝かしい日々を取り戻させたのだろう。

❖　❖　❖

CRIER OF CLAIFE

クライヤー・オブ・クレイフ

❖湖水地方

　クライヤー・オブ・クレイフは、ウィンダミア湖の西岸にある人目につくことのない採石場エリアだ。樹木に覆われたクレイフ・ハイツと呼ばれる険しい丘の斜面にあり、付近には森林委員会が管理する土地と、農地もある。恐ろしい叫び声を上げてこのあたりの住民をおびえさせていた幽霊が、一八世紀に神父の悪霊払いでようやく眠りについた。

　この幽霊は嵐の夜になると、ウィンダミア湖の反対岸に係留されている渡し船を呼ぶような声を上げていたという。地元住民はこれを、中世にファーネス修道院にいた修道士の安息を知らぬ霊だと信じている。彼は禁欲の誓いを破って身持ちの悪い女に恋をしたが拒絶される。世俗の幸福も神のもとで不死の魂を得る未来も失ったことに絶望した彼は、狂気に陥ってクレイフ・ハイツで死んでしまった。

ウィンダミア湖のそばの、樹木に覆われた不気味な丘の斜面。

……幽霊の叫びは
それを聞く者を震えさせた……

幽霊の叫びはそれを聞く者を震えさせたが、あるとき、東湖岸の渡し守がこのうなり声は幽霊が「料金を払う」と言っているのだと考え、思い切って湖を渡ってみた。しかし、戻ってきたときには恐怖で口もきけず、髪が真っ白になっていた。彼はそのまま翌日死んでしまい、どんな恐ろしい経験をしたのかについては聞けずじまいだった。そこで、ウィンダミア湖に浮かぶ島のひとつに住む神父が祈禱を行い、霊を採石場と森の中に閉じ込めることにした。今でも風の強い夜には幽霊の声が聞こえてくるといい、夕暮れに採石場の近くを散策していたら、フードをかぶった人物に後をつけられたという報告もある。

❖　❖　❖

CROFT CASTLE

クロフト城

❖ヘレフォードシャー

◀クロフト城の東棟。ゲストルームはこの世のものではない訪問客ももてなしているようだ。

レムスターの近くに立つクロフト城は、ドゥームズデイ・ブック［一一世紀初めにイングランド王国を征服したウィリアム一世の時代に作られた世界最古の土地台帳］が作られて以来ずっと、「有名な騎士一族のクロフト家」が所有してきた。その長い歴史の間に一家の手を離れたことが一七〇年間だけあり、一七五〇年ごろにいったん売却されたが、一九二三年に買い戻されている。もとはシンプルな正方形の城で、中央に中庭があった。古代の城壁と四隅のピンク色の丸い塔に、後から増築され要塞化したこの城は、ウェールズ内陸部で最も幽霊が出る場所とうわさされていても不思議ではない。ここには全部で七体の幽霊がいるという。その中でおそらく最も注目すべきは、ジャーキンと呼ばれる革製の袖なし上着を着た身長二一〇センチを超える男性で、クロフト家の先祖であるウェールズの自由の戦士、オワイン・グリンドゥールの幽霊と信じられている。彼は城の中のあちこちで目撃され、とくに

「……その中でおそらく最も印象的なのは、ジャーキンと呼ばれる革製の袖なし上着を着た身長二一〇センチを超える男性で、オワイン・グリンドゥールの幽霊と信じられている……」

「樫の部屋《オーク・ルーム》」に出没することが多いが、すぐに姿を消してしまう。一九三〇年代末にクロフト城を訪れたシドニー大主教その人も、そこでグリンドゥールの幽霊を目にしたと話している。

スタッフは不可解な物音を耳にすることがあり、清掃係たちは何度も赤ん坊が泣き叫ぶ大きな声を聞いてきた。西階段に灰色のダブレット［一五～一七世紀ごろの男性の腰の部分がくびれた上着］とホーズ［中世から一七世紀まで男性が身に着けたぴったりしたタイツ］着の男性の幽霊が現れるという話も、以前からよく聞かれていた。さらに、クリノリン［女性のスカートを広げるための一九世紀の下着］とぴったりした帽子をかぶった長い巻き毛の女性が、東玄関の上にある窓から見下ろしている姿が目撃されたこともある。伝説によれば、彼女はその場所で、アイルランドから定期的に送金してくれる家族の一員からの手紙を待ち続けていたのだが、やがて手紙も送金も途切れ、彼女と小さな子どもの生活は苦しくなる一方だったという。

短期スタッフの女性のところにオーストラリアから友人が訪ねてきたときの、実に気味の悪いエピソードもある。スタッフの女性が友人の泊まっている東棟の客室に入ると、座っていた友人がサッと立ち上がり、彼女に「ご友人」を紹介してほしいと言った。灰色のドレスを着た女性がスタッフの後から部屋に入ってきた、と友人は言い張るのだが、そこには誰もいなかった。

CROM ESTATE
クロム・エステート

❖カウンティ・ファーマナ

❖　❖　❖

アッパー・アーン湖の湖岸に立つクロム・エステートは、アイルランドでも最も重要な自然保護地域のひとつだ。アイルランドに残る最大規模の半自然植生の樫の森で、湖はブリテン諸島の最も重要な淡水生息地に数えられる。古代の地衣類と多様な動植物の存在から、この森林地帯の一部には新石器時代より古い、ブリテン諸島の大半を森林が覆っていた時代の自然環境が残っているとも考えられる。そして、黄色のアイリス、紫のエゾミソハギ［パープル・ルーストライフ］、野生のアンゼリカなど希少な植物が見られるだけでなく、湖岸にはたくさんの古代の幽霊もすみついているようだ。

一八世紀初期から一九六〇年代まで、地元住民はアッパー・アーン湖の水面にしばしば現れる火の玉の話を語り継いできた。湖は非常に深く、メタンガスを発生させるほど淀んではいない。そのため、通常「鬼火《ウイル・オ・ザ・ウイスプ》」と呼ばれる現象を生じさせる条件はこの湖の場合には当てはまらない。この火の玉は、この地域にもともと住んでいた金髪の人たち、「フィアナ」の亡霊がいる証拠と考える人たちもいる。ある紳士は、まさにそうした姿の人影が湖岸にじっと立って自分のほうを見ていた、と話している。あるいは、その光は密輸業者が夜中の不法行為をじゃまされないために人々の注意を逸らそうとしたのだという、もっと現実的な説明をする人たちもいる。クロム［北アイルランドに属する］からアイルランド共和国との国境まではほんの数キロしかなく、比較的最近まで、この謎めいた湖をはさんだ両側の地域でこっそりと密輸が行われていた。

「……湖岸にはたくさんの古代の幽霊も
すみついているようだ……」

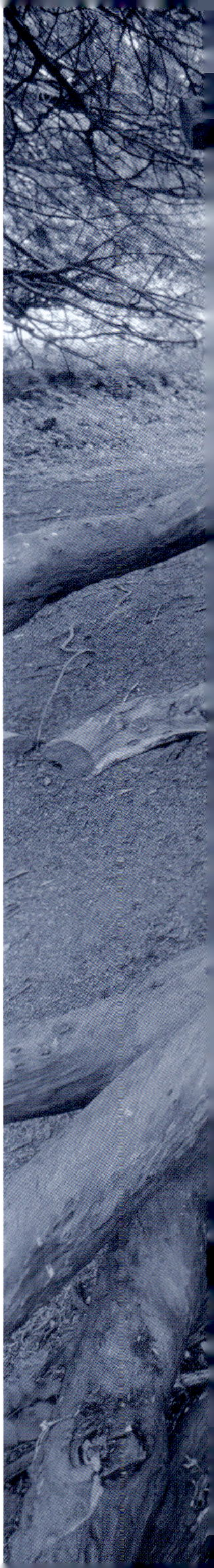

▶クロム・エステートに残るイチイの古木。根が複雑に絡み合う。

もっと最近になってからも、湖にやってきたふたりの旅行者がひどく気味の悪い経験をしている。一九九二年に、一組の夫婦がビジターセンターでボートを借りて、湖の上を漕いでいた。ちょっとした探検をしようと考えたふたりは、湖に浮かぶイニシュフェンドラ島に降りてみることにした。その日は暑く、島は無人で、夫はボートを漕いできたので疲れていた。そこで、彼は湖岸にあった平らな岩の上に寝そべり、日差しを浴びながらひと眠りしようと考えた。だが次の瞬間、眠気が吹き飛び、パニックに陥った。上半身裸の武器を持った男たちが彼を取り囲み、見下ろしていることに気がついたのだ。男たちは粗い織地のゆるい長ズボンをはき、両脚には足首から膝までの奇妙な編み上げガーター巻いていたという。彼らの姿はすぐに消えた。

夫婦はものすごいスピードでボートを漕ぎ、あわてふためいてビジターセンターに駆け込んだ。「彼は真っ青な顔をしていました」と、ふたりが運よく湖岸までたどり着いたときに対応したボランティアは回想する。「めまいでも起こしたのですか?」と彼は尋ねてみた。夫の話を聞いたボランティアは、彼がひと休みしようと横になった日の当たる岩は、請願の石として知られていることを思い出した。キリスト教が伝わる以前の時代にケルト族が祈り、おそらくは小さな犠牲を捧げていた聖なる場所だったのである。そうとは知らずに観光客の男性が立ち入ったために、幽霊が現れたのだろうか、それとも、彼が無意識のうちに想像力を働かせ、生々しい夢を見ただけだったのだろうか……。

❖　❖　❖

CROWN LIQUOR SALOON

クラウン・リカー・サルーン

❖ベルファスト

クラウン・リカー・サルーンは盛期ヴィクトリア朝様式の有名なパブのひとつで、ベルファスト中心部のグレート・ヴィクトリア通りにある。木やタイルの装飾、ステンドグラス、ガス灯などに、古いバーの歴史と趣が豊かに感じられる。「スナッグ」と呼ばれる木製の仕切りのある個室は、どこか旧式の鉄道車両を思い起こさせる。実際に、通りの向かいにはかつてグレートノーザン鉄道のターミナル駅があり、このパブは駅を利用する旅行者のための食堂《タバーン》として始まった。その後、一八九八年にオーナーのマイケル・フラナガンが内装を変えようと、ベルファストのカトリック教会を手がけたイタリア人の職人たちを雇い、彫刻を施した鏡と窓、タイル、モザイクで装飾させた。

古いパブにはよくあることだが、ここもまた幽霊が出ると評判だ。このパブの場合は昔の客の幽霊らしい。最近も、イングランドからやってきた女性客が一緒に祝いの夜を過ごす友人を空のブースで待っていたところ、突然、彼女は自分がひとりではないことに気がついた――スナッグには彼女のほかに三人の男性とひとりの女性がいて、全員がヴィクト

▼木造部の凝った彫刻、過剰なほどの装飾、ガス灯やスナッグのすべてが、このパブにいかにも幽霊が出そうな雰囲気を与えている。

……突然、彼女は
自分がひとりではないことに気がついた……

リア朝時代の服を着ていたのだ。幽霊たちはあっという間に消えてしまったが、彼女はクラウン・リカー・サルーンの歴史のひとコマを垣間見たのだと確信している。

❖　❖　❖

DINEFWR
ディネヴォル

❖カーマーゼンシャー

カーマーゼンシャーの魅力的な商業の街スランデイロは、以前は南ウェールズの首都だった。その郊外にあるこの壮麗な一八世紀の風景式庭園は、かつてウェールズの代々の王や有名貴族が暮らしていた場所で、ハウェル・ザー［一〇世紀のウェールズ王］やリース卿［一二世紀の君主］もそこに名を連ねる。中世の鹿園には美しい古木が立ち並び、百頭のダマジカと有名なディネヴォル・ホワイトパーク種の牛たちがいる。敷地内の小道からはタウイー谷のすばらしい眺めを楽しめ、現在はウェールズ史跡保存協会（CADW）が管理するディネファー城にもつながっている。

庭園の中心にあるニュートン・ハウスは一七世紀の建物で、ヴィクトリアン・ゴシック様式のファサードに目を奪われる。集中的な修復工事が行われて現在は一般公開され、

▼ヴィクトリアン・ゴシック建築のニュートン・ハウスと、ディネヴォル・パークの風景。

ウェールズの歴史におけるディネヴォルの重要性を説明する展示物を見ることができる。ニュートン・ハウスでは、異様な気配を感じたり奇妙な経験をしたという報告がいくつか寄せられてきた。一九八〇年代にテレビの取材クルーが一晩泊まり込んで撮影を試みたときには、幽霊が現れることはなかったものの、カメラマンのひとりが見えない手でのどを絞められたと訴えた。

スタッフが建物の中にひとりでいるときには、くぐもった男性の声を聞くことがある。鍵をかけて建物を閉め切っているときに、電気がひとりでについたり消えたりしたこともある。また、確かにパイプや葉巻の煙の匂いがすることもあった。これはかつてここに住んでいた家族の幽霊によるものだとうわさされている。スタッフが幽霊観察の手配をしようとするたびに、必ずそれをじゃましようとすることが起こる。「……たとえば前回は、天井が落ちてきたんですよ！」と、管理責任者のひとりは話す。屋敷の中には「冷気が漂う場所」があちこちにあって、歩いていると嫌な気分になるともいう。「そういうときには、『ほら、私だけですよ。すぐにいなくなりますからね』と言って、すぐに立ち去ることにしています」と同じ責任者は説明する。

これがレディ・エリノア・カヴェンディッシュの幽霊ということはあるだろうか？　彼女は一七二〇年代にこの家に住んでいた女性のいとこか妹だったとされている。レディ・エリノアは愛していない男と婚約させられ、その男から逃れるためにディネヴォルの家族にかくまってもらっていた。だが、腹を立てた婚約者が屋敷まで追ってきて、彼女を殺害したらしい――彼女が絞殺されたのは、カメラマンが見えない手で首を絞められたと訴えたあの部屋だった。

ドラウコシ金鉱
DOLAUCOTHI, GOLD MINES

❖カーマーゼンシャー

古代ローマ人が二〇〇〇年前に切り開いたこの独特な金鉱は、それ以来ずっと採掘が続けられてきた。長い間、地元住民はこの金鉱が洞窟だと思っていた。採鉱場のひとつはオゴヴ・グウェノと呼ばれている。オゴヴはウェールズ語で洞窟を意味し、グウェノはグウェンリンを短くしたもので、ブレコンのトレカッスルの近くのアニス・ア・ボーデに住んで

▼ドラウコシ金鉱の立て坑やぐら。

▼グウェンリンが姿を消した鉱山の入り口。

いた女性の名だった。

伝説によれば、この金鉱の中の水には医薬的効果があり、とくにリューマチに効くとされていたので、グウェンリンはそこで水浴びをすることを習慣にしていた。ある夜、グウェンリンは水の底に消え、そのまま遺体も見つからなかった。しかし、嵐の夜になると、オゴヴ・グウェノの入り口に立ち込める霧の中に姿を現すという。ほかにドラウコシの鉱山事故で死亡したネッドという鉱夫の幽霊の話もある。

古代には、カレグ・ピムサイント（五聖人の石）として知られる巨大な石にまつわる伝説があった。鉱山の作業場のすぐ近くに立つこの石には、あらゆる面にくぼみやへこみがある。おそらく金鉱から運んできた金を含む石を砕くために使われていたのだろう。伝説によれば、五人の聖人は中世の重要な巡礼地だったセント・デイヴィッズに向かう途中だった。グウィン、グウィノ、グウィノロ、ケリニン、セイソの五人は高潔さで知られ、近くの洞窟、おそらくはドラウコシの洞窟にすみついていた邪悪な魔術師にとっては腹立たしい存在だった。魔術師はそれまでにも五人を自分の力に屈服させようとしたが無駄に終わっていた。ある日、この五人がたまたま金鉱の近くを通りかかったとき、魔術師は黒魔術を使って嵐を起こし、稲妻、雷、雹《ひょう》が聖人たちを襲うように仕向けた。五人は近くに立つ石に頭を隠して身を守ったが、雹の力はあまりにすさまじく、彼らの頭は石に叩きつけられ。石の別

「……そのまま遺体も見つからなかった。
しかし、嵐の夜になると、オゴヴ・グウェノの
入り口に立ち込める霧の中に姿を現すという……」

の面に移動するたびに魔術師が雹を操って彼らを追わせたため、石の表面に彼らの頭蓋骨の跡が残ったのだという。魔術師は最後には聖人たちを洞窟の奥深くに追い立てて閉じ込めた——「聖人たちはそこに眠り、アーサー王がやってくるまで目を覚ますことはなかった」と伝えられる。

❖　❖　❖

ダナム・マッシー
DUNHAM MASSEY

❖チェシャー

多くの大邸宅がそうだが、オールトリンガム郊外にあるダナム・マッシーも何代かにわたって大々的な改修がなされてきた。最初の建物はチューダー朝時代に建てられたものだが、古いマナーハウスの痕跡は、今ではふたつの中庭を取り囲む一八世紀初めの赤いレンガ造りの建物でほとんど隠されてしまっている。内装は豪華なエドワード七世様式の装飾とジョージ王朝様式の見事な家具、絵画、ユグノーの銀器が混在している。

一九三八年に、エチオピア皇帝ハイレ・セラシエ一世がダナムを訪れたことから、ここは皇帝を宗教的指導者と仰ぐラスタファリ運動［ジャマイカの労働者や農民を中心とした社会思想運動］の信奉者（ラスタファリアン）たちにとっての巡礼の目的地となった。

他の多くの古い邸宅と同様、ダナムにもかつての住人たちの霊がすみついているらしい。超常現象のほとんどは「樫の寝室」に集中し、幽霊が現れたことを暗示するかのように、突然部屋の温度が下がることがあるという。以前にスタッフのひとりが幽霊のうわさを打ち消すために、この寝室で一晩過ごしたことがある。しかし、真夜中に誰かが自分にのしかかり首を絞めているような気がして目を覚まし、それからは二度とこの部屋に泊まり込もうとはしなかった。

「幽霊の存在は信じていない」と話す資産管理人《プロパティ・マネージャー》も、樫の寝室のハンウェル・モニター（室温と湿度の変化を記録する機器）がしばしば急な室温の低下を記録することには頭を悩ませていた。たいていは午前三時ごろのことだ。「装置を何度も取り換えて確認しているのに、同じこ

▼ダナム・マッシーの大広間への扉。チューダー朝盛期の建築で、時代を経るごとに伝説が加えられてきた。

「真夜中に誰かが自分にのしかかり首を絞めているような気がして目を覚ました……」

とが何度も起こる。それもこの部屋だけで……」と彼は続けた。

最近のある晩のこと、資産管理人と警備主任はいつもどおり夜間の戸締りをし、警報をセットした。周囲では何事も起こらず平穏な夜だった。ところが翌朝、ふたりが警報を解除し、鍵を開けて中に入ってみると、樫の寝室の隣のスタンフォードの寝室に、普段は浴室にたたんで置いてあるマットが濡れた状態で床の上にくしゃくしゃになって落ちていた。浴室には水滴が残り（ここは見学用の部屋なので、何年も前に水道は止めてあった）、窓にもはっきりと結露ができていた。

❖ ❖ ❖

DUNSTANBURGH CASTKE

ダンスタンバラ城

❖ノーサンバーランド

ノーサンバーランドの美しい海岸線の一部を、ダンスタンバラ城の勇壮な廃墟が支配している。玄武岩の断崖に荒々しく打ちつける波を三〇メートル上から見下ろす要塞は、ローマ人や暗黒時代の勢力の防衛拠点だったと思われる。現在目にする廃墟はランカスター伯トーマスの時代のもので、彼は城の建築を始めた六年後の一三二二年に反逆罪に問われ、処刑された。城は孫のジョン・オブ・ゴーントが相続したが、ばら戦争の間に何度も所有者が代わり、度重なる砲撃による破壊が続いて、一六世紀半ばにはすでに廃墟と化していた。

その後、この城に生きている者たちが住むことは二度となかったが、以前の住人の何人

▼ホワイン・シル絶壁に打ちつける荒波を見下ろすダンスタンバラ城。

ダンスタンバラ城

ダンスタンバラ城の廃墟。

「……眠れる美女を
もう一度見つけることに
とりつかれた彼は、
残りの一生を廃墟の探索に費やした。
嵐の日の真夜中には、
彼のむなしい叫び声が
今も聞こえてくるという……」

かが今も残っている。ランカスター伯トーマスも付近をさまよっているらしい。彼は国王エドワード二世の命で処刑されることになったが、執行人は彼の首をはねるのに一一回も刃を振り下ろさなければならなかったという。気の毒なトーマスは自分の首を持って地をさまよい、その顔は恐怖にひきつっているといわれる。

延々と語り継がれてきた話のひとつに、大嵐の夜にダンスタンバラの荒れ果てた門楼《ゲートハウス》に避難した「探究者《ザ・シーカー》ガイ」という騎士についてのものがある。彼のところに邪悪な魔法使いがやってきて、助けを求めている美しい貴婦人がいるとそそのかす。ガイが魔法使いの後について隠し部屋に行くと、そこには眠れる美女がいた。彼女を目覚めさせて助けるために、剣か角笛のどちらかを選ぶように言われた彼は、迷った末に角笛を取り、それを吹く。すると、笛の音を合図に白い服を着た一〇〇人の騎士が姿を現し、彼に襲いかかってきた。再び意識を取り戻したときには、ガイは門楼の中でひとりきりだった。その後、眠れる美女をもう一度見つけることにとりつかれた彼は、残りの一生を廃墟の探索に費やした。嵐の日の真夜中には、彼のむなしい叫び声が今も聞こえてくるという。

❖ ❖ ❖

DUNSTER CASTLE
ダンスター城
❖サマセット

サマセットのダンスター城の建設はノルマン時代にさかのぼる。非常に古い建築物によくあるように、多くの幽霊が出ることで有名だ。現在目にする重厚な城の大部分は一六一七年から一八七〇年にかけて、たびたび大々的な改修が行われた時代に建造されたものだが、一五世紀の門楼も残っている。

一七世紀の厩舎棟の一部に作られたショップのあたりに、とくに集中して、奇妙な現象が起こっているようだ。スタッフは緑色の服を着た男性がショップのドアから入ってくるのをたびたび目にしている。その男性は話しかけてもいっさい反応することなく、厩舎のほうに歩いていき、そのまま何の痕跡も残さず消えてしまうという。正面のドア付近に得体の知れない緑色の光が現れ、ずっと先の厩舎棟までふわふわと移動していくという話もある。スタッフはショップの向かい側にある商品倉庫で人の気配を感じることがよくあり、店長は倉庫に入るととても嫌な感じがすると言っている。

昼間でも厩舎棟のあたりは薄暗く、建物の端にあるショップまでくると、何だか重苦しい感じがすると話す見学者も多い。これまでに五度ほど、まったく別々のときに、嫌な気配を感じた見学者が、「ここで人が殺されたことがありますか?」と尋ねてきたことがあったらしい。ある女性はこの厩舎でふたりの人間が殺されたはずだと言って譲らなかった。

ショップ自体でも説明できない現象が頻繁に起こる。しっかり安定した場所に置かれていた品物が次の瞬間に落ちてくることがある。とくに店の一番奥に陳列されている本が落ちることが多い。重ねて置いてあった未開封の箱の中の在庫品が、茶色のねばねばした汚れで台無しになっていることもある。それも最も内側にある箱なのだ。製造業者に送り返して調べてもらっても、原因はわからなかった。

数年前、トーントンの町からやってきた少人数の会社員のグループのために、ダンスター城の幽霊ツアーが企画された。グループの中には幽霊を信じない人たちが多く、おまけに城に来る前に何杯か酒も飲んでいたので、ますます大胆になっていた。彼らが厩舎の中で、笑ったり、冗談を言ったり、わざと幽霊っぽい音を出したりしてふざけていると、奥のほ

「……突然、キッチンにある
ふたつの出入り口の間に裸足の足が見えた……」

▶ダンスター城の二階の窓からの眺め。この城は昼間でも薄暗く不気味な感じがする。

うでピンポン玉ほどの大きさの石が突然天井から降ってきて床を打ったかと思うと、その数秒後にまたひとつ、別の塊が落ちてきた。グループの中でもとくに幽霊の存在など疑ってかかる人たちでさえ、これには気味が悪くなり、ようやく厩舎を出たときにはほっとした表情になった。

「青のキッチン」では、掃除を手伝っていたボランティアの男性が、実に気味の悪い経験をした。この青年は――のちに正規のスタッフになった――業務体験のためにその二週間ほど前から城に滞在していた。床をほうきで掃いていると、突然、キッチンにあるふたつの出入り口の間に裸足の足が見えた。その足はほとんど透明だったが白い粉で覆われているかのように見え、足首あたりで完全に消えていたという。そこから一歩前に踏み出し、次の瞬間にすっと消えていった。キッチンから走って逃げ出した青年はこの経験にすっかりおびえ、今もこのキッチンにはひとりで入りたがらない。

「革のギャラリー」は、アントニーとクレオパトラの物語を描いた革製の壁掛けがあることからそう呼ばれている。実際のところ、このギャラリーは中世の城の大広間の一部をなしており、現在では資産管理人が住み込んでいるフラットの部分までひと続きになっていた。ここは建物の中でもとくに幽霊がよく出る場所で、さまざまな目撃談がある。

　ここ最近のスタッフが超自然現象を最初に経験したのは一九九〇年のことで、現在の資産管理人とそのパートナーが城に住むようになった直後のことだった。資産管理人の母親がふたりと一緒に滞在し、「革のギャラリー」に近い、城の南廊下に続く扉の先の「イースト・クワントックスヘッド」と呼ばれる部屋で眠っていた。ベッドに入ったものの眠れず、本を読んでいた彼女は、午後一一時半にギャラリーから男性の声がするのを耳にした。息子だろうと思い、聞き忘れていたことを尋ねようとギャラリーまで行こうとしたのだが、別のスタッフかもしれないと気づき、やめることにした。

　翌朝、息子に気になっていたことを尋ねたついでに、夜中にギャラリーに彼がいたようだったから行こうとしたのだという話をした。息子は不思議そうな顔をして、自分なら一晩中フラットにいた、と答えた。同僚に一一時半ごろ何をしていたか尋ねてみると、彼はいつもどおり午後一〇時半には就寝し、「革のギャラリー」には行っていないという。城にはほかに誰もいなかった。それから間もないある日、今度は資産管理人のパートナーと彼女の弟が、午後一一時四〇分にドアがばたんと閉まる音を聞いた。最初はふたりとも、相手がふざけているのだろうと考えた。その直後、大勢の足音が聞こえたと思ったら、次には何人かの男たちがくぐもった低い声で話すのが聞こえてきた。ただし、何を言っているのかまでは聞き取れない。どちらも調べに行く勇気はなく、翌朝になってから、この奇妙な現象をふたりともまったく同じ時間に別々に経験していたことを知った。それ以来、イースト・クワントックスヘッドに滞在した何人かが、ほぼ同じ時刻に同じ一連の物音や話し声を耳にしてきた。ごく最近も、ある客がその部屋の中で人の気配を感じたと話している。
八月のある暑い朝、清掃スタッフのひとりが、とりわけ気味の悪い思いをした。午前八時半ごろ、彼女はギャラリーの木の床に掃除機をかけ終わり、電動の床磨き機を使っているところだった。強い日差しの中でのきつい作業だったが、彼女が窓のほうに近づいたとき、突然、部屋の温度が下がり、全身の毛が逆立つような感覚を覚えた。誰かが部屋に入ってきて、階段の上に立っている気配も感じる。振り向くと、古くさい軍服を着た影のような男性が廊下に面したドアの近くに立っていた。恐ろしくなったものの逃げ道はふさがれている。彼女は床磨き機の音で部屋をのぞきにきた幽霊を追い払えるかもしれないと考え、ドアに背を向けたまま、機械を動かし続けた。すると、三〇秒ほどで氷のように冷たい感覚はおさまり、室温が普通に戻っていった。彼女は振り向く前から、人影が消えたとわかっていた。

建物のこの部分で起こるこれらの奇妙な現象の理由として考えられるのは、ギャラリーを出た廊下の先にある昼用の居間《モーニング・ルーム》を、一七世紀半ばの清教徒革命の内乱のときに軍隊が兵舎として使っていたことだ。おそらく、幽霊たちはこの動乱の時代の人々なのだろう。

ダンスター城の建築作業員たちも、幽霊らしきものとの遭遇を免れなかった。一九五〇年代初めに建物の工事が行われたとき、暖房用パイプを調べるために床板を持ち上げる必要があり、ふたりの作業員が呼ばれた。この作業をしている間、ふたりは何か恐ろしい不吉な気配を感じた。若い弟子のほうは本当に気分が悪くなり、ふたりは仕事を途中にしてその場を離れなければならなかった。弟子はギャラリーを離れたとたんに気分がよくなったが、その場所に何か得体の知れないものの存在を感じておびえ、部屋に戻ることは断固

「……突然、部屋の温度が下がり、全身の毛が逆立つような感覚を覚えた……」

として拒んだ。仕事は別の作業員が代わりに終わらせた。この作業員は何も感じなかったようだ。

「樫の階段」の途中あたりに、かつてはそこから廊下が続いていた中二階の床が一部だけ残っている場所がある。管理責任者用のフラットはこのドアの先にある。スタッフはこの階段を上ると嫌な気分になることがよくあった。ひとりは不吉な予感がする、樫材の手すりが「濡れて滑りやすい」と話していた。彼女は徐々にその気配を気味悪く感じるようになり、霊能力者に階段付近にいる悪霊を除霊してもらおうと考え、他のスタッフがいないときにその手はずを整えた。この計画については誰にも話さなかった。休暇から戻ってきた当時の管理責任者の女性は、階段がいつもと違って冷たくがらんとした感じがする、と夫に訴えた。悪霊払いは彼らが数日留守にしている間に行われていた。

霊能力者は階段とその下の応接室に何人かの霊がいるのを感じ取った。実際に、かつてここに住んでいた家族や彼らの客の多くが、灰色のドレスを着た女性が階段を滑るように上り下りする姿を見たという話が伝えられている。霊能力者は霊たちに去るように言い、辛抱強く説得を続けた結果、ようやく去ってくれたと報告した。

ダンスター城の「内広間《イナー・ホール》」には、以前ボランティアで案内係をしていたミス・フーパーという女性の幽霊が時々現れるらしい。彼女はこの城が大好きで、とくにこの内広間を訪れた人たちと話して過ごすのが好きだった。気の毒なことに、彼女は病気になってボランティアの仕事をやめなければならなくなり、その病気がもとで死んでしまった。しかし、内広間を訪れた多くの見学者がランプのそばのスタッフ用の椅子に年配の女性が座っている姿を見かけ、気になって見ているうちに突然消えてしまったと話している。ミス・フーパーは時々ここに戻ってきて大好きだった部屋を見守っているのだろうか？

城の門楼は、内側の門を守る外塁《バービカン》の一部として一四二〇年に建てられたものだ。右手の塔にはかつて地下牢があり、落とし戸だった場所の上に現在はタイルがきれいに敷き詰められている。地下牢は囚人が投げ込まれてそのまま死ぬまで放置されていた場所だ。深さは七メートルほどで、中世初期にそうした不幸な末路をたどった者たちの骸骨がそのまま残されていた。城に伝わる伝説によると、一七〇〇年代の初めに地下牢を掘り返したところ、男性の骸骨が発見されたという。この話は一九世紀末の発掘調査で真実だと証明されたらしい。身長は二メートルを超え、他の三人か四人と一緒に手と足を鎖で壁につながれていた。当時はこれほどの身長があると、男性でも巨人とみなされたことだろう。男性の平均身長が一六〇センチほどだった時代のことだ。

門楼の隣には、犬をひどく怖がらせる階段がある。昼間でもその階段は薄暗く陰鬱に感じられ、明らかに空気がひんやりしている。城で暮らした家族の最後のひとりになったジュリアン・ラットレルによれば、彼の飼っていた犬がしょっちゅうこの階段を通ることを拒み、そのたびにもっと遠回りになる南側のテラスを通って門の外に出ていたという。現在の主任庭師も、やはり階段を上ろうとしない自分の犬にてこずっている。

❖ ❖ ❖

EAST RIDDLESDEN HALL

イースト・リドルスドン・ホール

❖ウェスト・ヨークシャー

この独特の雰囲気をたたえる一七世紀のマナーハウスとその周囲の建物群は、ブナの木立や養魚池があり、アヒルたちが遊ぶ自然豊かな土地に立つ。地元の言い伝えを信じるなら、イースト・リドルスドン・ホールでは幽霊に遭遇する確率がかなり高い。殺人を犯した商人の霊がレセプションルームにすみつき、「灰色の貴婦人」が愛人の姿を求めて部屋をさまよう。青い服を着た小さな女の子が玄関横の黄色い部屋の隅で泣いているとされ、馬から振り落とされて池で溺れ死んだ「白い貴婦人」の霊もいるらしい。

とくに有名な「灰色の貴婦人」は、チューダー朝時代にこの家に住んでいた女主人の幽霊だ。あるとき、愛人といるところを夫に見つかり、夫は彼女を現在は「灰色の貴婦人の間」と呼ばれている部屋に閉じ込めた。愛人のほうも別の壁につながれ、最後にはふたりとも餓死してしまったという。スタッフや見学者は、彼女が階段と自分の部屋に通じる踊り場を上り下りする足音を聞き、不幸な愛人が死んだレンガ壁の部屋の窓に、彼の姿を目にすることがある。毎年の大晦日には、寝室のひとつに置かれた三〇〇年前の木製の揺りかごが、見えない手で揺らされる。それも「灰色の貴婦人」の仕業だとうわさされている。

屋外では、湖によく幽霊が出没するようだ。「白い貴婦人」は湖のほとりを歩いている姿を目撃されているが、彼女はかつてこの館に住み、狩りをしている間に馬から振り落とされた女性の幽霊とされている。遺体は見つからず、湖で溺れ死んでしまったと考えられて

▼イースト・リドルスドン・ホールに現在も残る「スターキー棟」。

いる。第四の幽霊は馬車の御者のもので、自分の馬に湖へ引きずり込まれてやはり溺れ死んだらしい。彼は失った四頭立て馬車を探して湖の周りをさまよっているという。

❖ ❖ ❖

FELBRIGG HALL フェルブリッグ・ホール

❖ノーフォーク

フェルブリッグ・ホールは一七世紀にジョン・ウィンダムが息子トーマスのために建てた館で、彼らは一四五九年にこの地所を買った裕福な商人の子孫にあたる。その五〇年後にウィリアム・ウィンダム一世が増築し、一七四九年にはウィリアム・ウィンダム二世が相続した。

フェルブリッグにまつわる幽霊話のほとんどは、ある愛書家の霊に関連したものだ。ウィリアム・ウィンダム三世が自分の立派な図書室を今も訪ね、生きている間は忙しい政治生活のために読む時間がなかった本を読んでいるという。彼は一七九四年から一八〇一年まで、ウィリアム・ピット首相のもとでトーリー党の陸軍大臣を務め、のちにはホイッグ党に鞍替えした。フェルブリッグ・ホールのすばらしい図書室を最初に作った男性の幽霊は、書物を愛した学者だった。二〇〇年近く前のロンドンで、火事になった友人の家の図書室から貴重な書物を救おうとして負傷し、その一年後の一八一〇年に受けた手術の後に死亡した。

このゴシック様式の図書室は、ジェームズ・ペインがジャコビアン様式のファサードに合わせて設計したものだ。そのすばらしい書物のコレクションは現在も残り、ウィリアム・ウィンダム三世の幽霊もそこで書物と一緒に過ごしているようだ。図書室のテーブルに座っ

◀フェルブリッグ・ホールの図書室には、ウィリアム・ウィンダム三世とその子孫が収集した書物が所蔵されている。

ている彼の姿をスタッフやボランティアが目にしている。以前の資産管理人のひとりもその姿を見かけたと言っているが、彼によれば、ウィリアムは図書室のテーブルの上に特定の何冊かの本が決まった組み合わせで置かれているときにだけ現れるらしい。幽霊は図書室の椅子に腰掛けてくつろいでいるように見え、暖炉の火がぱちぱちいう音まで聞こえるような気がするという。

❖　❖　❖

ザ・フリース・イン

THE FLEECE INN

❖ブレットフォートン、ウースターシャー

ブレットフォートンのザ・フリース・インは、もともとは中世に地元の農民が所有した個人の家だったもので、生活感が漂う素朴な建物だ。一八四八年にここで居酒屋兼宿屋の経営を始めたのはハリー・バードという男で、どうやらその孫娘のローラ・タプリンが、今もここをくつろげるわが家と感じているらしい。彼女は一九七七年に亡くなったが、この宿を訪れる客は今もここがローラの家で、心して扱わなければならないと思い知らされる。

ローラは宿屋にとって何が大切かについて揺るぎない信念を持っていたらしく、今もそれをあからさまな形で主張し続けている。現在この宿の経営に当たっているピーター・クラークは、スタッフや客から、幽霊を見たり、不思議な物音を聞いたり、不吉な気配を感

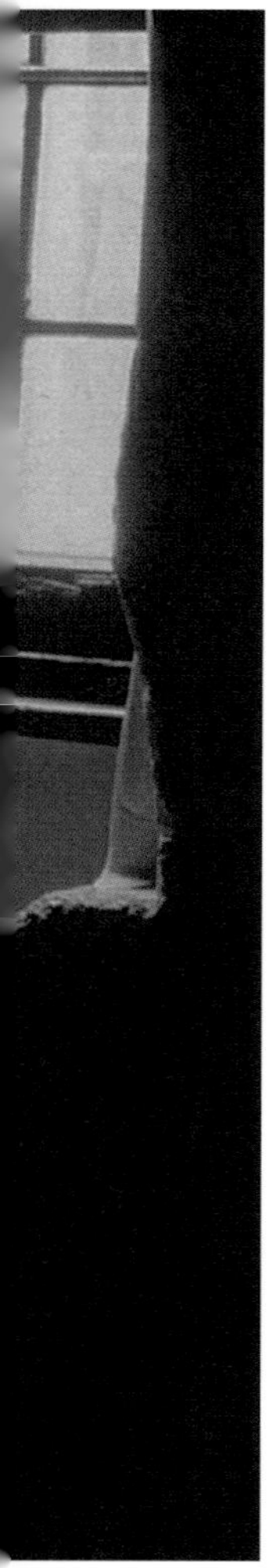

▼ザ・フリース・インの片隅。この居酒屋兼宿屋は一八四八年に営業許可を得た。客はそれ以来、超自然的な存在から自分たちの身を守ってきた。

「……ローラの死後、椅子がひとりでに揺れているところが目撃され……」

じたりといった話をたくさん聞いている。ローラはパブで食事をする客がとくに嫌いで、そのため、人々の昼食の弁当に奇妙な現象が起こるようになった。ある気の毒な客は彼のサンドイッチが空中に浮かび、そのまま床に落ちるのを見た。「食べるものはそれしかなかったのに」と彼は悲しそうだった。

　ローラの死後、椅子がひとりでに揺れているところが目撃され、ときには老婦人がそこに座っている姿も一緒に見えたり、時計がなぜか午後三時になると止まったりすることがあった。防犯アラームが四六時中鳴り響くほか、女性の姿が二階の窓に見えたり、理由もなく電灯がついたり消えたりし、ぼんやりした人影がバーの中を滑るように横切るのが目にされることもある。

　もちろん、このように不機嫌そうに振る舞っているのはローラではないかもしれない。古い建物なので、暖炉前の炉床《ハース》には、「魔女のしるし」と呼ばれる粗い円形の線がいくつも残っている。魔術が現実のものとして、多くの人に恐怖を与えていた時代には、夜になると煙突を通って魔女が建物の中に入り込むと広く信じられていた。魔女よけのまじないとして、暖炉前にチョークで円を描くことが毎晩の習慣で、侵入した魔女は夜明けまで円の中に封じ込められる。長い間、毎晩のように円が描かれ続けたために、ザ・フリース・インの暖炉の炉床には溝が残った――この跡が、何世代にもわたる魔女への恐れの証明となっている。ピーター・クラークは、不穏な出来事の原因についてはあらゆる可能性を否定しない。「床に幾重にも残る古い魔女のサークルは神秘的だが、暖炉の周りでは強い香水の匂いもして、誰もそれを説明できない」と彼は言う。その豊かな歴史と古い言い伝えを考えれば、ザ・フリース・インに住みついた幽霊がひとりだけではないとしても驚きはしないだろう。

❖　❖　❖

GEORGE AND DRAGON
ジョージ・アンド・ドラゴン

❖ウェストウィカム、バッキンガムシャー

人々がほんの短い間を過ごしては去るというパブや宿屋の性質は、多くの人間ドラマのための場所、背景、舞台を与える。そう考えれば、その多くに幽霊が出るという話があっても不思議ではないだろう。なかでも有名なのがウェストウィカムのジョージ・アンド・ドラゴンで、ここにはふたりの幽霊が出るといわれる。

パブは堂々としたレンガ造りの建物で、一七二〇年ごろに拡張され大部分が建て替えられた。ここはロンドンからオックスフォードやエイルズベリーへの長距離乗合馬車の主要なルート上にあり、その土地柄のため繁盛していた。鉄道が敷かれる以前は、一五キロほど走るごとに馬を交換するため馬車を停めていたので、その間、乗客は脚を伸ばしてひと休みすることができた。おそらく宿屋の主人や給仕に食事や飲み物を注文したりもしていたことだろう。当時、ジョージ・アンド・ドラゴンではスーキーという名前の若い娘が給

……長い白の室内着を着たスーキーの幽霊が、
時々ジョージ・アンド・ドラゴンの階段を上がったあたりに現れ、
いつも同じ寝室の敷居あたりで消えるといわれる……

▶ジョージ・アンド・ドラゴンの中庭に続く馬車置き場。旅行者は何世紀も前からこの門をくぐってきた。

仕として働いていた。あるとき、彼女への悪ふざけが思わぬ不幸な結果を招く。伝えられる話によれば、彼女は玉の輿の野心を持つ、とても魅力的な娘だった。そのため、地元の三人の若者がやってきて、彼女を見初めた裕福な紳士が真夜中に駆け落ちしようと言っていると伝えたとき、彼女はその話を簡単に信じてしまった。スーキーは約束の時間に待ち合わせ場所に行ったものの立派な紳士は現れず、近くに隠れていた若者たちの嘲笑する声を聞いて、恥ずかしさのあまり逃げ出した。若者たちは失望する少女をからかって思い切り楽しもうとしていたのだ。スーキーは滑って転び、頭を打って意識を失った。悪ふざけをした若者たちが急いでジョージ・アンド・ドラゴンまで運んだが、彼女はこの時の頭のけがが原因でその後死んでしまった。

長い白の室内着を着たスーキーの幽霊が、時々ジョージ・アンド・ドラゴンの階段を上がったあたりに現れ、いつも同じ寝室の敷居あたりで消えるといわれる。その部屋には犬たちも絶対に入ろうとしないらしい。宿屋の別の場所でも、幽霊の足音が聞こえることがあり、そちらは部屋の中で強盗に殺された気の毒な宿泊客のものとされている。

ジョージ・イン

GEORGE INN

❖ロンドン

「電気の発明によって幽霊は消えた」という作家オズバート・シットウェル〔一八九二〜一九六九〕の説は、ジョージ・インに今もすみついているとされる疑い深い女性の幽霊の奇妙な行動とは矛盾する。ロンドン橋からも近いサザークにあるジョージ・インは、ロンドンに残る最後の回廊式バルコニーつきの宿だ。ボローハイ通りを入ってすぐの、一六七六年のサザークの大火で焼け落ちた、かつてのジョージ・インの跡地に立つ。シェイクスピアがこの古い宿屋の中庭で演劇を披露していたともいわれ、チャールズ・ディケンズは『リトル・ドリット』の中で、ここを忙しく人気の馬車宿と書いている。その結果、歴史協会や文学協会が頻繁に中庭で演劇を催し、朗読会を開くようになり、見物に訪れる人たちの中にはウィンストン・チャーチルの姿もあった。彼は自分のポートワインを持参し、持ち込み料として一シリング六ペニーを払わされた。

ジョージ・インの幽霊はアメリア・マリーか、彼女の娘アグネスとされている。アメリアは一八七八年にここへやってきて、娘とともに宿屋の経営を五〇年以上続けた。母も娘も意志の強い女性で、近代社会の技術の進歩に嫌気がさし、一九三四年にアグネスが死亡するまでは宿に浴室はひとつも設置されなかった。鉄道の拡張で多くの馬車宿の商売が立ち行かなくなるなか、ジョージ・インも破産の危機に陥り、四つの回廊のうち三つが解体された後、人々の嘆願によって残るひとつだけは救うことができた。おそらくそのためなのだろう、マリー夫人の霊は現代的テクノロジーの象徴である電気の供給や労力を節約する機器、とくにコンピューターに対して今も復讐心に燃えている。ジョージ・インの以前の所有者のひとりは、この宿のために手に入れた最新式の機器はどれも、電源を入れたとたんにこれといった理由もなく調子が悪くなる、とげんなりした様子で話した。幽霊がコ

▼ジョージ・インの内部。一七世紀からサザークの名所として親しまれてきた。

ンピューター化された新品のレジをしぶしぶ受け入れるまでには数週間がかかる。「電気を使うものは全部です……」とオーナーは言っている。

これまで建物内で暮らしてきた代々のスタッフの多くが、自分の部屋の中にうっすらと女性の姿が浮かぶのを見て飛び起きた経験を持つ。おそらく、アメリアかアグネスのどちらかが今も恨みがましい目で、「彼女の」宿屋の経営を監視しているのだろう。

❖　❖　❖

ジョージ・スティーヴンソンの生家

GEORGE STEPHENSON'S BIRTHPLACE

❖ノーサンバーランド

一般に、ナショナル・トラスト保護資産というと、すべてが美しく贅沢な装飾が施された宝石のような建築物ばかりと思われているかもしれないが、そういうわけでもない。審美的価値より歴史的重要性がはるかに勝り、そこに暮らした特別な住人のために価値が認められ、保存されてきた場所もたくさんある。

一七八一年、イギリスの偉大な発明家のひとりが、工業都市ニューカッスル・アポン・タインに近い小さな鉱山町ウィラムにぽつんと立つ、質素な石造りのコテージで生まれた。ジョージ・スティーヴンソンは非常に貧しい家に生まれ、家族全員がそのコテージのひとつの部屋で暮らしていた。ジョージは一八歳になるまで読み書きがほとんどできなかった。技術者になるために必要なことは、夜間学校の授業と観察と実験を通してほぼ独学で習得したものだ。やがて彼は蒸気機関車の主要な発明者となった。彼の発明は世界を大きく変える。個人の旅のスタイルに革命をもたらし、工業製品の輸送にかかる時間を飛躍的に縮めたのである。ジョージ・スティーヴンソンこそ、産業革命に原動力を与えた人物だった。

……あるボランティアの女性は、
ヴィクトリア朝時代の黒い服に
白いエプロンをした女性が、
現在のリビングルームに
現れたのを見て驚いた……

ジョージ・スティーヴンソンの生家。ベッド(左下)から見た窓と暖炉のある部屋の風景。
スティーヴンソンは1781年にここで生まれ、1789年ごろまで家族全員がこのたった一室に暮らしていた。

スティーヴンソン一家はジョージが八歳のときにこのコテージを離れたが、その後もこの家に住む多くの家族が近くの炭鉱や鉄道で働き、かろうじて生活を維持していた。貧しく読み書きのできない人たちの生活は、しばしば記録に残されることなく歴史の片隅に埋もれてしまう。そのため、コテージのスタッフは彼らがメーベルと名づけた幽霊が実際に誰なのかはわかっていない。しかし、彼女が強力な個性の持ち主であることには疑いを抱いていない。

メーベルはヴィクトリア朝時代の人物とされ、電圧を上げてヒューズを飛ばしたり、電子レンジなどの電化製品を故障させたりすることで、自分の存在をアピールすることが好きなようだ。現在の管理人によれば、メーベルは祝日や夏期に人の出入りが多くなると、とりわけ興奮するという。見物客のグループが帰りがけに「じゃあね、メーベル」と声を合わせて言ったとたん、説明のつかない物事が立て続けに起こった、とガイドのひとりが話している。

超常現象が集中して起こるのは予備のベッドルームで、管理人が移り住んだときには、数カ月の間、部屋からひどい臭いがして、配管工や建築業者がどれだけ努力しても消すことができなかった。配管工のひとりが陽気に「きっとポルターガイスト現象ですよ」と口にしたとたんに、臭いは消えた。管理人の病気の飼い犬はその部屋に入ろうとはせず、時々わけもなく急に吠えるという。

管理人はメーベルを見たことはないが、他のスタッフは見ている。あるボランティアの女性は、ヴィクトリア朝時代の黒い服に白いエプロンをした女性が、現在のリビングルームに現れたのを見て驚いた。一緒にここで働いていた自分の娘かと思い、声をかけようと振り向くと、その人影はどこへともなく消えてしまい、その後は一日中熱っぽさと頭痛が続いた。

メーベルが誰で、なぜコテージにとりついているのかは謎のままだが、スタッフはさらに調査を続けて、正体を明らかにしたいと考えている。

❖ ❖ ❖

ギブサイド
GIBSIDE

❖タイン・アンド・ウィア

イギリスに現存する最も優れた一八世紀の風景デザインに数えられるギブサイドは、亡くなった王太后《クイーン・マザー》「現在のエリザベス女王の母親」の実家であるボーズ＝ライアン家がかつて暮らしていた場所で、彼女の祖先のひとりの霊が地所をさまよっていると信じられている。不気味なオルガンの音が鍵のかかった礼拝堂から聞こえてきたり、女性用の香水の匂いがギブサイド・ホールの廃墟に漂っていたりする。また、しばしば得体の知れない人影が芝生を滑るように横切って温室《オランジェリー》へと向かっていくのが目撃される。その姿が最後に目撃されたのは二〇〇三年一二月のことで、見かけたのは警備員だった。

ギブサイドの最も有名な住人のひとりは「不幸な伯爵夫人」だ。ストラスモア伯爵夫人のメアリー・エレノア・ボーズは、一七四九年に裕福な地主で実業家のジョージ・ボーズの一人娘として生まれた。父親が死んで莫大な財産を彼女が相続すると、野心旺盛な独身男性たちが彼女を手に入れようと競い合うようになった。結局、メアリーは第九代ストラスモア伯爵のジョン・ライアンと結婚し、両家の名前をとってボーズ＝ライアンの家名にした。メアリーとジョンの結婚生活は九年続き、子どもたちも生まれたが、ジョンが結核に

「……見事な樫の古木の並木の端に、時々女性の姿が目にされることがある。
これはメアリー・エレノアが幽霊となって、
大きな喜びと悲しみの両方を経験した場所をさまよう運命にあったからだろうか？………」

▼早朝、ギブサイド・ホールの南東正面の廃墟に影がさしかかる。

かかり、治療法を探すために船でリスボンへ行く途中で死んでしまう。

いまやメアリーは裕福な未亡人で、伯爵夫人でもあった。今度はアンドリュー・ロビンソン・ストーニーというアイルランド人の冒険家が、さまざまな策をめぐらした末に彼女の心を射止める。ふたりは結婚したが、ストーニーの思惑どおりにはならず、メアリーは婚礼の直前に「結婚前契約」を書き上げ、財産を自分が管理できるようにした。ストーニーは憤慨して妻に残虐な仕打ちを始め、飢えさせたり殴りつけたり、ギブサイド・ホールの戸棚の中に閉じ込めたりもした。メアリーはその後、夫のもとを逃げ出すことに成功し、連れ戻されそうになったこともあったものの、残りの人生を静かに暮らした。

　メアリーはウェストミンスター寺院［国王の戴冠式や公式行事に用いられるロンドンの大きな教会］に埋葬された。彼女が愛したギブサイドのパラディオ様式の優雅な礼拝所の遺体安置所とは遠く離れた場所だ。しかし、ギブサイドの温室の近くにある見事な樫の古木の並木の端に、時々女性の姿が目にされることがある。これはメアリー・エレノアが幽霊となって、大きな喜びと悲しみの両方を経験した場所をさまよう運命にあったからだろうか？

❖　❖　❖

グラストンベリー・トア
GLASTONBURY TOR

❖サマセット

　サマセットの平原に、巨大で神秘的なグラストンベリー・トアの急斜面の丘が、休火山のようにそびえている。考古学発掘調査の結果、丘の頂上に聖ミカエル［セントマイケル］に捧げられたふたつの教会の遺跡が重なり合って発見された。現在は一五世紀の塔だけが残っている。

　遠くから見ると、グラストンベリー・トアは島のように見える。最も古い伝説によれば、ここは水に囲まれたアヴァロンの聖なる丘で、霊界「アンヌン」の王グウィン・アプ・ニーズのいる場所とされる。本当の起源がどうであれ、この丘はいつの時代にも霊性を備える神聖な場所だった。

　一九六〇年代に、この地域に見られる古代の聖なる土地の多くは互いに関連性があり、その多くが新しく入ってきたキリスト教に吸収され、変化していったという説が唱えられた。トアはウィルトシャーのエイヴベリーと、コーンウォールのセント・マイケルズ・マ

世界的に有名なグラストンベリー・トアの遺跡には逸話が多い。
今もここをアヴァロンだと信じて崇める人は多い。

ウントを結ぶ線上にあり、かつては異教の聖地のひとつだった。

最近になって、グラストンベリー・トアが目には見えないエネルギーを持つ二本の「レイライン」――それぞれ四八〇キロの長さがある――が交差するポイントに位置するという説が唱えられた。セントマイケル・ライン、セントメアリー［聖母マリア］・ラインとして知られるこのふたつのラインは、大部分ではほぼ平行に走り、それぞれの聖人と関係のある土地を結んでいる。たとえば、セントマイケル・ラインは北フランスのモン・サン・ミッシェルとコーンウォールのセント・マイケルズ・マウント、グラストンベリー・トアのセントマイケル教会を結ぶ。二本のラインはグラストンベリー・トアで交差しているように見える。多くの専門家はダウジング法［木の棒や針金、振り子などを使って目的のものを探す技術。水脈や油田、紛失物を探し出すために古くから使われてきた］を使った調査の結果、トアの斜面に古代の迷宮を発見したと主張した。ふたつの半円形をした複雑な立体の迷路が頂上で交わり、現在も残る中世の塔を取り巻いているという。トアを下ると、そのラインはこの地域の聖なる地形と結びついた他のいくつかの遺跡へと延びていく。そうした遺跡の一部は聖杯と関連したもので、アーサー王伝説を通して有名になった。真実は時間の霧の中に埋もれてしまったが、この物語は不思議なことに西部地方とコーンウォール一帯に根強く残っている。

　トアはキリスト教とも深い関係がある。伝説によれば、ナザレのイエスのおじで、錫の取引をしていたアリマタヤのヨセフが、遠方への商いの旅のひとつで、まだ小さい甥イエスを聖なるアヴァロンの島、グラストンベリー・トアへ連れていった。その何年も後にイエスが十字架にかけられた後、アヴァロンを再訪したヨセフがボートをウェアリーオール・ヒルに係留し、荷物を地面に下ろすと、それが根を生やして「聖なるいばらの冠《ザ・ホーリー・ソーン》」［サンザシの木」として知られるようになった。伝説を信じる人々はこの木の直接の子孫が今日まで教会の庭に残っていると主張している。ヨセフは丘のふもとにマリアに捧げる小さな教会を建てた。これがイギリスで最初のキリスト教の礼拝場所になったとされる。ヨセフはグラストンベリーで死を迎え、最後の晩餐で使われた聖杯とともに近くのチャリスヒルに埋葬された。聖杯は初期キリスト教にとって最も重要なものなので、何世紀にもわたり大勢がそのありかを突き止めようとしてきたが見つけることはできなかった。

　やがて、ヨセフの建てた教会は大きくなってグラストンベリー修道院となり、中世にはヨーロッパでも最大級の修道院として、聖人、とくにアイルランドの守護聖人である聖パトリックの聖遺物を拝みたいと考える多くの巡礼者を集めるようになった。聖パトリックは四六一年にグラストンベリーで死亡している。ヘンリー八世による修道院解散に抵抗するため、修道士たちは聖遺物、写本、書物をグラストンベリー・トアの地下を走る地下洞窟に隠したといわれる。いつの日か、新しい平和と寛容の時代が訪れたときに再び取り戻せると固く信じて。

　今日になってもまだ、グラストンベリー・トアにまつわる不思議な物語が語られ続けている。塔の周りをぐるぐる回る色つきの光を見たとか、濃い海老茶色をした八つの卵形の物体が丘の上に浮かんでいるのを地元の警察官が見て困惑したという話もあれば、緑と紫の光が塔のてっぺんあたりでダンスを踊るように揺らめいていたのを見たという話もある。

GREY'S COURT
グレイズ・コート

❖オックスフォードシャー

生活感あふれる魅力的なグレイズ・コートは、長い歴史を無事に生き残ることができたまれな建物のひとつだ。一三四七年に小さいながらも厳重な要塞として建てられたマナーハウスがその後、有機的に発達し、一六世紀のヘンリー八世の時代には、ノウルズ家がレンガと石造りの立派で豪華な紳士の屋敷として生まれ変わらせた。それからの何世代かの間は洗練された建築という面では多少の譲歩がなされ、一七世紀には張り出し窓、一八世紀には新しい棟が加えられた。それでも全体としてみれば革命的な変化というよりは何世紀にも及ぶゆるやかな進化という表現がふさわしく、気取らない魅力をたたえた混合建築として残っている。

しかし、ひとつだけ問題がある。この家を訪れた多くの人が、とくにティールームの中に入ると驚くほど寒いと感想をもらすことだ。このティールームはクロムウェルの軍隊が滞在した場所として知られるため、「クロムウェル・ルーム」とも呼ばれる。

現在グレイズ・コートで働いているボランティアの女性のひとりは霊能者でもあり、彼女は最近、この家の清掃係からティールームに入れないので、霊との間を取り成してほしいと頼まれた。清掃係は感受性の強い、どちらかといえば静かな青年で、部屋の中の気配にひどく悩まされていた。彼が部屋の中で仕事をしていると、姿はまったく見えないのだが、間違いなく誰か——あるいは何か——が彼に話しかけようとしているのを感じる。霊能者は青年に具体的にはどんなことを経験し、それは一日のどの時間帯だったかを尋ね、もう一度同じことが起こったら、謎を解明したいので自分にも知らせてほしいと頼んだ。

最初のうち、清掃係はその指示に従おうかどうしようかためらっていたが、結局、何日か後にボランティアに連絡し、一緒に空っぽのティールームに座った。建物の上の階からこの部屋に下りてくるらせん階段と、その下のあたりは、いつも空気が氷のようにひんやりしている。霊感のあるボランティアだけでなく、見物客の中にも同じように感じる人たちがいた。実際、建物全体に広がるひんやりした空気は、このティールームが源になっているように思われる。

ふたりが座っていると、ボランティアの女性はすぐに一五歳ぐらいの少年がそこにいるのに気がついた。金属製のヘルメットのようなものをおどけた感じで斜めにかぶっている。少年は彼女に、どうしても清掃係と話したいのだと言った。彼なら理解してくれるはずだから、と。霊能者と清掃係はこのときに、背後で荒々しい声やお祭り騒ぎのような物音を聞いたが、彼女に見えるのは少年の姿だけだった。少年は自分のことを「給仕《ポットボーイ》」だと告げた。酒場や宿屋に住み込みで働く使用人を意味する古い言葉だ。そして、悲しげな様子で、「彼ら」が自分のことをいじめ、からかうのだと続けた。次の瞬間、少年の姿と耳障りな「背後の物音」は消えてしまった。

霊能者はこの生々しい少年の幽霊は、クロムウェルの兵士たちがグレイズ・コートに滞在していた内戦時代からやってきたのだろうと考えた。おそらく兵士たち、すなわち「彼ら」が、嫌がるポットボーイに強要してテーブルで給仕させていたのだろう。奇妙な現象の真相解明を試みたこのときから、清掃係の青年はひとりでティールームに入れるようになった。ただし、ひんやりした部屋の空気のほうはそれほど変わっていないようだ……

「……実際、建物全体に広がるひんやりした空気は、このティールームが源になっているように思われる……」

HAFOD-Y-LLAN
ハヴォド・ア・スラン

❖スノードニア

スノードニアは岩山の連なる雄大な風景で名高く、スノードン山自体の南斜面にあるハヴォド・ア・スランもその代表だ。この人里離れた場所に非常に古い農場があり、農家の裏手を流れる小川が切り立った渓谷へと続いている。

一九世紀の前半、このあたりにぽつぽつと点在する農家の小さなコミュニティが、ナント・グウィナントの教区を形成していた。住民たちは付近に出没する大胆な泥棒に悩まされていた。その泥棒は冬になると夜遅くにどこかの農家に押し入って、食べ物やその他の蓄えを盗み、追っ手に捕まることなく姿をくらましていた。牛や山羊は夜の間に乳を搾りとられ、最もよい羊は跡形もなく消えている。ある午後、羊飼いが丘の斜面に大男がいるのを見つけた。驚くほど背が高く、全身が赤みを帯びた毛で覆われている。怒りにかられた地元の捜索隊が荒涼とした土地を追跡したが、今回も男はまんまと逃げおおせた。

ティン・アル・オワルトに住む農夫の妻は、自家製の食料がいつもなくなることに、と

……震える指でランタンに火を灯した農夫の妻は、自分の振り下ろした斧が盗人の手首を切り落としたことに気がついた……

▼スノードニアの岩場を流れる急流。

ハヴォド・ア・スラン

くに腹を立てていた。ある日、真夜中に台所の外で物音がしたことに気づいた彼女は、暗闇の中を手探りして斧をつかむと、部屋に入ろうとした巨大な人影にあらんかぎりの力を込めて斧を振り下ろした。侵入者は悲鳴を上げて庭のほうへ走って逃げた。震える指でランタンに火を灯した農夫の妻は、自分の振り下ろした斧が盗人の手首を切り落としたことに気がついた。その手は大きく、動物の毛皮のように太く濃い毛に覆われていた。翌日、ショックを受けながらも覚悟を決め、住民たちは雪の上に残る血の跡を追って渓谷沿いに進み、やがて急斜面の途中にある洞窟に続く小さな岩棚に出た。そこまで来て、彼らは賢明にも「逃げるが勝ち」だと判断し、さらに調べることはしなかった。それ以来、歓迎されざる真夜中の急襲はなくなったものの、洞窟は今に至るまで「毛むくじゃらな男の洞窟」と呼ばれている。

❖　❖　❖

HAM HOUSE
ハム・ハウス

❖サリー

リッチモンド近郊の穏やかで緑豊かなテムズ川の岸辺に立つハム・ハウスは、ナショナル・トラストの保護資産の中でもとくに幽霊談の豊富な場所のひとつだろう。冷気を感じる場所、足音、傲然とした貴婦人と小さな犬の姿、いずこかへと急ぐ牧師や陰鬱そうな若者、ふと漂うバラやヴァージニアたばこの匂い、夜になるとひとりでに動く家具などが、ハム・ハウスに「幽霊でにぎわう」邸宅という評判を与えてきた。ゴーストクラブ［幽霊や超常現象を科学調査の対象として研究している団体］が最近、一晩泊まり込んで調査を行ったところ、建物には犬を含む一五もの幽霊がさまよっていることがわかった。

ハム・ハウスは鉄の意志を持つローダーデール公爵夫人（一六二六～九八年）が生涯をかけて作り上げた作品だ。この非常に野心的な貴婦人は、王党派と清教徒《ピューリタン》派が対立していた一七世紀半ばに、両方を相手に危険な政治ゲームを繰り広げた。クロムウェルとは表立って、チャールズ二世とは秘密裏に友人になることで、彼女は自分の権力基盤を維持するための策略をめぐらし、じゃまをする者がいれば自分の家族であろうと容赦なく訴訟を起こした。一説によれば、彼女の霊が今も屋敷をさまよっているらしい。

エリザベス・マリーは一六五五年に父親からハム・ハウスを相続した。彼女は美しい女性だったが、「絶えず野心にかられて行動し、金を湯水のように浪費し、強欲きわまる」とも表現されている。一六四八年に裕福な大地主のサー・ライオネル・トルマッシュと最初の結婚をするが、レディ・ダイザート［当時の呼び名。エリザベス・マリーは自身がスコットランドの伯爵位を継承した女性伯爵であった］は、夫が一六六九年に死亡する前からスコットランド大臣の初代ローダーデール公爵ジョン・メイトランドに心を寄せているとうわさされていた。一六七二年に妻が死亡した六週間後、ジョンはエリザベスと再婚した。この早すぎる再婚への世間の非難や、それぞれの夫と妻が相次いで都合よく死んだことをめぐる黒いうわさを無視して、ふたりはハムの増築と改装を行い、チャールズ二世の宮廷にも匹敵するほどの豪華な邸宅に磨き上げた。

ところが、公爵は王家のひきたてを失い、一六八二年に死んでしまう。公爵夫人は自分がどんどん金に不自由していくことに気づき、夫の葬儀に五〇〇〇ポンドもの費用をかけたとして義弟を訴えすらした。訴訟は一〇年かかっても解決することなく、エリザベスは熱心に集めてきた宝物の多くを売らざるをえなくなった。晩年は痛風に苦しみ、部屋から

「いま や私は
大好きなハム・ハウスで
囚われの身となっている。
ここから出ることは
もうないだろう」
――エリザベス・ローダーデール公爵夫人

夜のハム・ハウス。

部屋へ移動することもままならない状態で、「いまや私は大好きなハム・ハウスで捕らわれの身となっている。ここから出ることはもうないだろう」と書いている。彼女は一六九八年に苦々しい思いを抱えたままこの世を去った。

彼女が衰弱する体と負債を抱えながら隠居生活を送っていた一階の部屋は、「公爵夫人の寝室」と呼ばれている。凝った装飾が目立ち、どこか威圧感のあるこの部屋からは、昼も夜もなく足音が聞こえたり、バラの香りが漂ったりするという。バラはスチュアート朝時代の庭には人気の花で、不快な臭いをカモフラージュするための香水としても効果的だった。画家のピーター・レリーが公爵夫人をまだ若い女性として描いた見事な肖像画が暖炉の上にかかっているが、実は見る者を震えさせるのはその横にある鏡の方である。わずかに曇った表面を見つめると、自分自身の顔ではないものが見えたり、真後ろに恐ろしい形相の人物がちらっと見えたりして、見学者を恐怖に陥れるのだ。家の中で飼われているペットたちもこの部屋には入ろうとせず、敷居のところで恐怖にかられたように震えるか、肖像画をにらみつけたり威嚇したりする。部屋の威圧感があまりに強いため、スタッフの何人かはここに入る前には、「こんにちは、奥方様」と恭しくつぶやいて用心している。

最近のゴーストクラブの調査には、公爵夫人の直系の子孫という男性が参加した。ダウジング棒を使うことで、彼らは幽霊とコンタクトをとることができたが、公爵夫人は自分の子孫としか通信しようとしなかった。男性が本当に家族の一員だと納得した公爵夫人は、それまでの一〇世代の間に起こったさまざまな出来事の真相について語り始め、自分には弟がいたこと、父親が不幸せな生涯を過ごしたこと、一族の男性は近衛部隊に加わることが伝統だったことなどを自分から教えた。さらに、部屋には彼女を描いた絵があると言い、ダウジング棒でそれを指し示してほしいと頼まれると、暖炉の上にかかっているレリーが若い女性として描いた肖像画のほうに棒を向けた。

近くの晩餐室の雰囲気はこの部屋とはまったく異なるが、そこにも何ともいいがたい気配がある。エリザベスの二番目の夫は、友人たちと夕食のテーブルを囲む団らんのひとときと、特徴的な香りのするヴァージニアたばこが好きだった。驚いたことに、見学者の中には、部屋に入ったとたんに、たばこの匂いに気づくだけでなく本当に煙を吸い込んだ気分になる人もいる。最近も、ここを訪れたリッチモンド市長がたばこの匂いがすると口にしたが、隣に立っていた夫人は何も感じなかった。別のときには、地元の消防士のグループが、こんなに古い家の中では喫煙は認めるべきではないと忠告した。

匂いや香りほど穏やかでないのは、たいていは夜に聞こえる階段からの足音で、通常ならどんな動きや振動にも反応する警報器も探知できない。興味深いことに、足音がある方向に向かっているように聞こえるときには、少し後に同じルートを通って戻ってくる足音も聞こえる。最近、夜中に階段と「公爵夫人の寝室」の両方に、裸足の足跡が現れた。スタッフはこの奇妙な現象をどう説明していいかわからずにいる——何より不思議なのは、この足跡が、何らかの方法で焼かれてできたかのように、古い床板からニスがはがれていることだ。

ガイドたちも、見学者に建物の説明を始めるときには立つ場所に注意しなければならないと気がついた。厚かましくも階段の三段目に立とうものなら、肩のあたりを殴られるか押されるかする感覚に驚かされる。それを経験したガイドはひとりやふたりではない。この場所は二〇〇三年一一月に心霊現象の調査に訪れたグループが、夜間に奇妙な写真を撮っ

▶ハム・ハウスの大階段。一六三八〜三九年にウィリアム・マリーのために造られた。二階の壮麗な「貴賓室」への見事な前奏曲となっている。

た場所でもある。写真には白い光の「オーブ」が写っていたが、撮影したときには何も見えなかった。写真機材や使われたフィルムを調べてみても、おかしなところはなかった。

黒く長いドレスを着た女性がゆっくりと階段を下りてきて、一番下まで来ると礼拝堂のほうに向かっていく姿は何度も目撃されている。二番目の夫を失った後、公爵夫人は一週間、この礼拝堂で棺の前にひざまずいて祈りを捧げていた。作業員が夜に礼拝堂に鍵をかけて警報をセットした翌朝、公爵夫人の使っていた使徒席の手すりのうっすらと積もったほこりの上に、はっきりと手形が残っていることがあり、スタッフやボランティアを怖がらせた。黒いドレスの女性は、礼拝堂付き牧師の後についてチャペルに入る姿を目撃されることもある。この牧師は公爵の秘書として献身的に仕えていたギルバート・スピンクスだとされている。

しかし、おそらく最も頻繁にハム・ハウスを訪れる幽霊は、スパニエルらしき小さな犬のものだ。この犬が何か目的があるかのように家の中の廊下を小走りで進む姿を見たという話は、二〇〇年以上前からたびたび記録されてきた。たいていは見学者の前を走っていることが多く、大階段を上り、展示室に入り、元の出入り口をふさいでいる展示ケースの上に飛び乗ると、そこですーっと消えてしまう。見学者たちは腹立たしげに、自分たちはペットを外に置いてくるように言われたのに、「どこかの誰か」がキング・チャールズ・スパニエルを連れて入る許可を得ている、と文句を言う。しかし、ギャラリーにある有名な絵を見ると、そこに描かれているのがほんの少し前に彼らが見かけた犬と同じだとわかるのだ。実際に、最近の改築作業の間に、作業員たちがキッチンガーデンの中央から大きな日時計を取り除くと、その下に小さな犬の墓があった。骨は現在、一時的に建物の中で展示され、権力の極みにあったころの公爵と夫人がふたりで描かれている肖像画のすぐ下に置かれている。

おそらく作り話だろうが、公爵夫人の霊にまつわるとある話が一八七九年に記録されている。六歳の女の子――執事の娘と思われる――がハム・ハウスに一晩泊まり、真夜中に目が覚めると、年老いた女性が暖炉近くの壁の一点を引っかいていた。女の子が叫び声を上げると幽霊は消えた。後で調べてみると、彼女が引っかいていた壁の中には秘密の小部屋があり、そこには公爵夫人が二番目の夫と結婚するために最初の夫を殺した「証拠」になる書類があったといわれている。この「証拠」が世間に公開された形跡はないが、エリザベスの同時代の人たちは、彼女なら殺人だってやりかねないと確信していた。

ところで、ハム・ハウスには別の時代の幽霊たちもいる。凍てつく冬の朝や夜遅くに、若い男性が両手を握りしめ、物思いに沈んだ様子でテラスを歩いている姿が見かけられる。彼はジョン・マクファーレンの幽霊とされる。マクファーレンはこの家に滞在している間に夫人のメイドに一目ぼれしてしまった。彼の高貴な家族の目には愚かとしか思われない選択だ。彼は一七七九年の冬を通してメイドに山ほどの贈り物を送り、結婚してほしいと嘆願し続けたが、愛が報われることはなかった（彼女はすでに家令頭と恋に落ちていたという話だ）。絶望した彼は、上の階の窓ガラス――正面側テラスの右から四番目の窓だった――に彼の名前と一七八〇年の日付を刻み込んだ。そしてある夜、それ以上拒まれることに耐えきれず、テラスから二階下に飛び降りて自殺した。それ以来、ハム・ハウスのスタッフや滞在客は、彼が自殺した日になると最上階の窓の外でぞっとするような叫び声を聞き、庭の中の「野趣園《ウィルダネス》」と呼ばれるあたりから聞こえるすすり泣くような声に震え上がっている。叫び声は後悔しているメイドのものとされるが、彼女はそれでも家令頭と結婚した。

門の奥にあるかつての「東の庭園」、現在の「桜の庭園」については、二〇世紀に現れた幽霊の心打つ物語がある。第九代ダイザート伯爵には子どもがいなかったが、たくさんの甥や姪をとてもかわいがっていた。そのひとり、レオン・セクスタス・トルマッシュは、子どものころはとくに東の庭園で遊ぶのが大好きだった。青年になったレオンのために、伯爵はハム・ハウスで特別な晩餐会を開き、そこでレオンは恋人に結婚を申し込み、受け入れられた。そのためこの家は——とくに庭のその部分は——レオンにとってはつねに幸せな思い出の場所だった。

第一次世界大戦が始まると、レオンはハム・ハウスの若い男性スタッフの多くと一緒にフランスで戦った。一九一七年二月二〇日の朝、年配の庭師が軍服で正装したレオンが庭にいるのを見て驚いた。彼は母屋に急ぎ戻り、士官として従軍していた坊っちゃまが前線から休暇で戻ったというニュースを一番乗りで伝えようとしたが、彼の見間違いだと相手にされなかった。その数日後、ハム・ハウスに電報が届いた。それはレオンがお気に入りの庭にいるのを庭師が見かけたその朝、彼が戦死したことを知らせるものだった。

第九代伯爵は狐狩りの間の事故がもとで、その後の一生を車椅子で過ごすことを余儀なくされたが、毎年のクリスマスイブには、西玄関から外に出ることを習慣にしていた。杖で体を支えながら中庭をゆっくりと歩き、家族で敷地内に住んでいたアランという御者がいるコテージまで行って、彼らに贈り物の入ったバスケットを渡すのだ。一九三五年に伯爵が亡くなった後の最初のクリスマスイブに、アラン氏は西玄関のドアが閉まる音を確かに聞き、窓越しになじみのある人物がバスケットを手に杖をつきながら、ゆっくり歩いて

「彼女のなすことすべてが暴力的で、
暴力的な友人だったが、
それ以上に暴力的な敵だった」
——バーネット主教

ハム・ハウスの庭にあるシデの木のアーチ。
庭の中の「野趣園《ウイルダネス》」と呼ばれる一画から叫び声が聞こえることがあるという。

「今にも幽霊がすーっと姿を現しそうだ。
まったく会いたいとも思わない、
ローダーデール、トルマッシュ、
メイトランドの幽霊たちが……」
――サー・ホレス・ウォルポール

くる姿を目にした。コテージのドアを二回たたく音が聞こえたので、とまどいながらドアを開くと、中庭には誰もいなかった。

第九代伯爵の車椅子は、現在も家の中で見ることができる。スタッフは掃除やそれ以外の何かの必要で、この車椅子を普段置いてある場所から動かすことがあるが、そのたびに、朝になると必ず元の場所に戻っている。どういうわけなのかさっぱりわからず、けむに巻かれたような気分だ。どんな動きも探知して反応するはずの警報器も作動することはない。

ハム・ハウスで時々見かけられる、もう少し楽しそうな幽霊は、魅力的な若い女性のもので、二階の決まった窓のところで目にされる。彼女は一八世紀の飾り立てたドレスを着て、片方の手を振り、もう片方はしっかりと背中に回している。この霊はエドワード・ウォルポールの庶子で、サー・ホレス・ウォルポール――ゴシック小説家で下院議員も務めたが道楽者として知られた――の姪にあたるシャーロット・ウォルポールのものとされている。シャーロットは非嫡出子だったので、社会的な地位はあいまいだったが、それでも裕福だったため、社会的権力はあるが財産は少なかった第五代ダイザート伯爵が彼女を気に入り、出会ってわずか一週間で結婚した。この結婚はどちらにも得るものがあった。シャーロットは次のように述べている。
「もし私が一九歳だったら、はっきりと拒んでいたでしょう。会ったこともない男性と一週間で結婚したいなどとは思いません。ですが、私はすでに二二歳です。私のことを美人と言う人もいれば、そうでないと言う人もいます。真実は、私の美貌はこれからピークを迎えて、すぐに下り坂になるということでしょう。これほどの良縁を拒むのは危険すぎます」

　シャーロットの魅力的な肖像画がグレート・ホールに飾られている。絵の中の彼女は片手を隠している――彼女の手はしおれているか変形していたと考えられている。最近では、シャーロットの幽霊が現れるのはたいてい、現在のハム・ハウスの住人やスタッフに何かよいことが起こったとき、たとえば病気から回復したり、赤ちゃんが無事に生まれたりといったときだ。そういうわけでこの何世紀もの間、多くの客がハム・ハウスを訪れ、この家には幽霊がひしめいていると考えてきたが、その中にシャーロットの「怪奇小説家として」有名なおじが含まれていたというのはいかにもふさわしい話である。

❖　❖　❖

HANBURY HALL
ハンベリー・ホール

❖ウースターシャー

　ドロイトウィッチから五キロと離れていない場所にある、かわいらしい赤レンガ造りのウィリアム・アンド・メアリー様式「ウィリアム三世とメアリー二世の共同治世（一六八九～九四）時代の様式」のこの家は、一七〇一年に建てられた。ハンベリー・ホールは典型的な地方の大地主の邸宅で、上品に塗装された天井と階段、温室、製氷室、あずまや《パビリオン》、さわやかな一八世紀の庭

ハンベリー・ホールの南正面。かつてヘンリー・セシルとエマ・ヴァーノンが愛のない夫婦生活を送った家。

かつて美、地位、財産、名声を持っていた者が
今は墓碑も名前もなく安らかに眠る。
かつてどれほど愛され、どれほど敬われようと、
どの家に、誰のもとに生まれようと、一握りの塵だけがおまえを残すのみ
それがおまえのすべて、野心を持つすべての者がそうであるように

――アレクサンダー・ポープ、『不幸な婦人を悼む哀歌』

と周囲の緑地で有名だ。しかし、この完璧に見える邸宅の表向きの秩序と調和を裏切るように、ここにはある幽霊話がある。激情、偽りの身分、失われ、取り戻された財産の物語で、王政復古喜劇［王政復古期の上流社会を軽妙に描いた風俗喜劇］にもなりそうな内容だ。

エマ・ヴァーノンは社交界の花で、ハンベリー・ホールの相続人だった。一七七八年に彼女はエクセター伯爵の地位の後継者であるヘンリー・セシルと結婚した。だが、この結婚はうまくいかなかった。というのも、両家の潤沢な資産にもかかわらず、ふたりは負債を抱える生活に陥り、互いに幻滅したからだ。一七八九年には、エマは牧師補のウィリアム・スナイドに夢中になっていた。エマとウィリアムは社会的道徳を無視して駆け落ちし、大スキャンダルを巻き起こす。上流社会からの非難を招いたのは、彼女が不倫関係に陥ったことよりも、自分より社会的地位が劣る男性と恋に落ち、社会的因習を破ることもためらわなかったためだった。それも、自分の評判だけでなく莫大な財産までも投げ捨てる危険を冒したのだ。

ヘンリー・セシルはこのスキャンダルに心底打ちのめされ、巨額の負債から逃れるため

に、ハンベリーを去ってシュロップシャーの農場へ身を隠す。そこではジョン・ジョーンズという偽名を使い、すぐにサリーと呼ばれていた農家の娘サラ・ホッジンズと関係を結んだ。ほとんど銃で脅されて、といってもいいくらいの勢いで結婚を迫られたヘンリーは、最も楽な道を選び、エマと秘密裏に離婚して（それで彼女は牧師補と結婚できることになる）、サリーと再婚した。サリーは自分の夫の素性を知らないままだった。しかし、一七九三年になって、ヘンリーはエクセター伯爵の称号とセシル家のバーリーの邸宅を相続した。何も知らないサリーはいきなり質素なシュロップシャーの環境からリンカーンシャーの広大なカントリーハウスに移ることになり、そこでは使用人たちが彼女を「奥様」と呼んだ。「コテージの伯爵夫人」として知られるようになるこの話は、アルフレッド・テニソンが彼の詩『バーリー卿』の中で楽しげに語っている。

しかし、物語は当事者すべてにとってのハッピーエンドにはならなかった。エマは現在幽霊となって大好きだったハンベリー・ホールとその付近の土地をさまよっているとされ、教会通り《チャーチ・アベニュー》ではとくに多くの目撃情報がある（エマはホールからウィリアムが牧師補を務めていた教会までよく歩いていた）。ある晩、このあたりをはじめて訪れた女性が、近くに住んでいる兄を訪ねた帰りに車で家に向かっていた。ハンベリーの森を通る道を選んだ彼女は、そこで突然、若い女性の姿を見かけた。全身黒ずくめで、道端に身動きもせずに立っている。若い娘がこんなに寂しい場所を歩いているのは危険ではないかと心配した女性は車を止めたが――娘の姿はすでに消えていた。とまどいながらも女性はそのまま運転を続け、その経験は記憶の片隅にしまい込まれた。それから何カ月も後になって、兄がエマ・ヴァーノンの幽霊の話をするのを聞いて、女性はようやく自分があの夜見かけたのが誰――あるいは何――

だったのかに気がついた。

❖　❖　❖

ハイピーク・エステート
HIGH PEAK ESTATE

❖ダービーシャー

ハイピークにある有名なウィナッツ・パスは、もとは「ウィンドゲート」と呼ばれていた。この峠を風が吹き抜けることを意味する。この壮観な石灰岩の渓谷は夜になると荒涼感が深まり、ヘンリーとクララという若い恋人たちの幽霊が出ると信じられている。ふたりは一七五八年にここで殺された。駆け落ちしてピークフォレストにある教会で結婚しようとしていたふたりは、馬を休ませるために宿場に立ち寄った。そこにいた銅鉱山の鉱夫たちがふたりを見かけ、これほど身なりのよい若い男女なら貴重品を持っているだろうと考えた。その夜遅く、男たちはヘンリーとクララをウィナット渓谷で待ち伏せし、ふたりの持ち物を奪って殺すと、そばにあった納屋の近くに死体を埋めた。

殺人者たちは特定されることも捕まることもなかったが、地元の伝説によれば、全員が無残な死に方をしたという。ひとりは狂気に陥り、もうひとりは首をつり、三人目は落石で押しつぶされて死んだ。数十年後、ウィナッツ・パスで働く鉱夫が、ふたりの若い恋人たちの骸骨を発見し、骨はカースルトン教会墓地に埋められた。今も風の強い夜になると、殺された恋人たちの幽霊がウィナッツ・パスで命乞いをする声が聞こえるという。

ペナイン・ウェイと呼ばれる徒歩道の起点にあるイーデール村は、人里離れた村落で、冬に大雪が降ると何日も、ときには何週間も孤立することがあった。中世には狼の群れがこのあたりをうろつき、もっと最近の時代には、大きな黒い犬の亡霊がアッパーブースの近くで目撃された。とくにザ・ティップスと呼ばれる、鉄道トンネルの建設の間に掘り起こされた石や土を積み上げた山のあたりに現れることが多かった。一九二〇年代にはこの付近一帯の住民が大きな黒い犬の出没におびえていると新聞が伝え、その記事によれば、この犬は一晩に数十匹の羊を殺してずたずたに嚙みちぎったという。数年後、近くに住む少女が大きな犬を間近で目撃したが、犬はそのまま少女のそばを通り過ぎ、まっすぐ金網を通り抜けたかと思うと、突然姿を消した。

ピークディストリクト国立公園では最高峰のキンダースカウト山は、荒れ地とむき出しの岩山で形成された広大な原野だ。ここにはキンダー滝の下にすみつく水の精の話が伝わっている。この「人魚の池」には黒く濁った水が不気味に広がり、魚もすめず、動物もここの水は飲もうとはしないという。水の精はイースターの前夜になると水の中に姿が見えるといい、それを見た者は不死の命を与えられるか、水の中に引きずり込まれて溺れ死ぬという。

かつては「キンダー・ボガート」が滝のあたりをうろついているとされ、この人里離れた地域に住む農夫や羊飼いを怖がらせていた。「ボガート」は幽霊や亡霊を意味する古代語で、子どもをさらう妖怪として知られる「ブギーマン」とも関係し、おそらく幽霊を表すウェールズ語の「ボー」から派生したものと思われる。サウス・ヘッド・ファームでは、残忍な殺人が繰り広げられる生々しい物音が再現され、犠牲者の死体が滝のほうに引きずり込まれる音さえ聞こえるという。近くの牧草地には白い服を着た女性の幽霊が出るらしい。二〇世紀初めに、アイルランドの季節農場労働者の一団が、小川のほうに向かって畑を横切るように進む「白い服の少女」を見たと言い張った。向かっていたのは、殺された女性の死体

「……今も風の強い夜になると、
殺された恋人たちの幽霊が
ウィナッツ・パスで命乞いをする声が
聞こえるという……」

早朝、マム・トアからウィナッツ・パスを望む。

が捨てられた場所だった。アイルランド人たちはその土地にやってきたばかりで、ボガートの話はまったく知らなかった。

❖　❖　❖

HINTON AMPNER
ヒントン・アンプナー

❖ハンプシャー

旧ヒントン・アンプナー邸は、かつてイギリスで最も幽霊がよく出る場所として知られていた。事実、一七九三年にもとのチューダー朝様式の邸宅が取り壊されたのは、幽霊らしきものの姿があまりに恐ろしかったためだった。当時から現在まで生き残っている部分は、キッチンガーデンと厩舎の一部のみである。

美しく内装が整えられたチューダー朝様式のマナーハウスは、第四代ストール卿エドワードと妻メアリーの資産になった。夫妻とともにメアリーの妹のオノリアも一緒にヒントン・アンプナーに住んでいたが、オノリアは一七五四年に死亡した。エドワードも翌年、「脳卒中」で死亡したが、彼もその義理の妹も、一七六五年にヒントン・アンプナーがリケッツ家に貸し出されると、死後の名声と少しばかりの不名誉を手に入れた。

移り住んだ直後から、リケッツ夫妻は「この家には何か説明できない興味をそそられるものがある」と気がついた。夫はジャマイカにも家を持っていたため外国で過ごすことが多かったのだが、妻のほうがヒントンでの自分の経験を事細かに語った興味深い手記を残している。彼女の話は「夜になると聞こえる、何人もの人間がドアをばたんと閉めるような物音」から始まり、淡褐色の服を着た男性や、黒っぽい絹のドレスを着た女性を使用人が見た話、そして、「ひどく陰気ならなり声やベッドの周りを動き回る衣擦れの音」へと続く。毎晩のように、背筋が凍るような金切り声やゾッとするうなり声、押し殺した声の会話、走り回る足音、ばたんと閉まるドアの音などが聞こえてきて、家中の者たちが安眠をかき乱された。

一七七〇年には、リケッツ夫人はすっかり健康を損なっていた。夫妻は使用人を雇い続けることができなくなり、夜ごとの異様な物音はむしろ激しさを増していくように思われた。そこで、夫人の兄で、豪傑で知られるジャーヴィス提督が真相をつきとめようとやってきた。二重の用心として友人のラトレル大尉を呼び、拳銃を手にして、寝ずの番をした。一時間もすると家の中が騒がしくなり、いつものドアを閉める音や走り回る足音が聞こえ始めた。「ふたりはそれぞれの部屋から拳銃を手に飛び出したものの、そこにはお互いの姿しかなかった」と、リケッツ夫人は書いている。それから一週間、夜の警戒を続けたものの、騒ぎは大きくなる一方で、途方にくれて睡眠不足の提督は、妹夫妻を連れてウィンチェスターに移り、幽霊にとりつかれた家は空き家のまま放置された。

しかし、謎はこのまま終わりはしなかった。その後の奇妙な発見を短くまとめたものが、一九三六年に初版が刊行された『ハリファックス卿の幽霊実話集』に掲載されている。

「こうした出来事についてはまだ報告したくなかった。
それでも、あらゆる手段を使って調べた結果、
誰かの悪ふざけだという証拠は何も見つけられなかった。
それどころか、物音は生きた人間の力を超えるものだと確信した……」

——メアリー・リケッツ夫人、一七七二年七月の日付が入った手記

ヒントン・アンプナーの南正面。
何度か解体と再建を繰り返してきたこの家は、興味をそそられる物語の舞台となってきた。

「その後、この家に人が住むことはなく、悪評のため賃借人も見つからず、最後には［一七九三年に］取り壊されることが決まった。解体作業の間に作業員がある部屋の床の下に、猿のものとされる小さな頭蓋骨を発見した。箱に入ったその頭蓋骨のそばには、清教徒革命の内乱の間に隠されたと思われるたくさんの書類があった」

これは、この付近に以前から広まっていた不穏なうわさの証拠として受け止められた。ヒントン・アンプナーの幽霊はストール卿エドワードと、彼の義理の妹オノリア・ステューケリーのもので、ふたりは自分たちの間にできた子どもを処分し、死体を床下に埋めたというものだ。

古いマナーハウスの跡地にはヴィクトリア朝様式の家が建てられ、のちに改修され、その後に火事で焼け落ち、チューダー朝時代の屋敷の跡地の五〇メートルほど南にまた再建された。現在の家は幽霊に悩まされることはないようだが、熱心なゴーストハンターたちは、もとの建物が立っていたあたりに行くと不気味な気配を感じると言っている。

❖　❖　❖

ヒューエンデン・マナー
HUGHENDEN MANOR

❖バッキンガムシャー

たいていの霊は正体を特定するのがむずかしいが、ベンジャミン・ディズレーリの特徴的なダンディーな風貌は見間違いようがない。政治家で小説家の才人ディズレーリはヴィクトリア女王からビーコンズフィールド伯爵の爵位を得て、生涯を通して女王のお気に入りの首相という地位に就いていた。「グリース・ポール」という言葉の生みの親であるディズレーリは［グリース・ポールは油を塗って滑りやすくした棒。立てたものを上ったり、横にしたものを渡ったりするゲームに使われる。ディズレーリは権力の座についたときに、「グリース・ポールのてっぺんまで上り詰めた」という表現を使った」、一時的に政治的恩顧を失っていた一八四八年にヒューエンデン・マナーを購入し、そこに一八八一年に亡くなるまで住み続けた。ディジー（ディズレーリ）と妻のメアリー・アンはヒューエンデンを愛し、つねに改修を施しては、どちらかといえば質素で味気ないジョージ王朝様式のマナーハウスを、樹木園と見事な眺めが広がる広大な敷地の中心に建つ色鮮やかで快適な中期ヴィクトリア朝様式の家に変えた。

ヒューエンデンでは奇妙な経験をしたという話が絶えず語られてきた。二階の小さな部屋のひとつは、一日の終わりに鍵をかけると、どういうわけか謎めいた「昔風の香水」の匂いが漂ってくる。まったく気づかない人もいるが、多くの人がこの香りのことを口にする。

屋敷は同じ場所に何度も建て替えられ、ある専門家の印象深い言葉を借りれば、建て替えのたびに「あばら屋から小屋へ、そして家へ」と地位を高めてきた。現在の建物の最下部は、中世のころの家の一部を組み込んでいる。階段のひとつには中世後期の窓も残っている。ディズレーリの伝記を書いたロバート・ブレイクは、地下の金庫室で彼の有名な著書を調べているときに、古風な服を着た男性が地下をまっすぐ通り抜けるのを何度か目撃したという。

スタッフのひとりは事務所の隅にディズレーリの姿を見かけて肝を冷やした。そこは首相時代にディズレーリが喫煙室として使っていた部屋だった。九月のある日、そのスタッフが事務所に戻ってくると、黒い服を着て杖を持った粋な紳士が、書類戸棚の隣に彼のほうを半ば振り向くようにして立っていた。ほんの一瞬見えただけだったが印象は強烈で、「全身が凍りつく」ような感じがした、という。彼は光の加減で人影のように見えたわけでは

……スタッフのひとりは
事務所の隅に
ディズレーリの姿を見かけて
肝を冷やした……
ほんの一瞬見えただけだったが
印象は強烈で、
〝全身が凍りつく〟ような感じがした、
という……

ベンジャミン・ディズレーリと妻のメアリー・アンは
ヒューエンデン・マナーを愛していた。
スタッフは今も彼らの存在を感じることがある。

ないと確信していたが、からかわれるのが怖くて、同僚には言わないことにした。三カ月後、仲間のスタッフが何の気なしに、上の部屋には幽霊がいるらしいと彼に話した。その同僚は、階下の空っぽの部屋にいるときに大勢の人間が集まってきたような気配を感じたことも何度かあるが、目には何も見えない、とも言った。

ディジーが階段下にかけられた肖像画の近くにいるところは、頻繁に見学者が見かけている。最初は古い衣装を身に着けた俳優か、元首相の扮装をしたスタッフのひとりだろうと思うのだが、気がつくとその人物は「消えていなくなっている」。

図書室に入ると家の他の部分とは違って、少し重苦しい感じがすると気づく人たちもいる。そこはかつて応接室《ドローイング・ルーム》だったところで、ディズレーリが一八八一年にロンドンで死去した後、彼の棺が国葬のため安置されていた。あるスタッフが日誌を書こうとデスクに向かって座ったところ、彼は「無礼なこと」をしてしまったとはっきり感じ、あわてて席から立ち上がった。時折、家の中にはほかに誰もいないはずなのに、訪れる人は書斎のデスクに誰かが座っているように感じることがある。

しかし、ヒューエンデンの幽霊が気味悪く感じられることはめったにない。家の雰囲気は穏やかで、すべてがこぢんまりとして家庭的な素朴さがある。ディズレーリと彼の妻はこの場所を愛していた。霊感の強い見学者にはディズレーリの強烈な個性が今も感じ取れるのかもしれない。

❖ ❖ ❖

KING'S HEAD
キングズ・ヘッド
❖エイルズベリー、バッキンガムシャー

古くは馬車宿だったキングズ・ヘッドの起源は、一四五〇年ごろにさかのぼる。エイルズベリー最古のこのパブは現在、すっかり幽霊にとりつかれているようだ。

現在の管理人の女性は、この職に選任された当初、スタッフ用の宿泊部屋に半年間滞在した。その最初の数夜は「クロムウェル・ルーム」で眠っていた（クロムウェルが滞在した部屋とされるためそう呼ばれるが、その後、事実ではないことがわかった）。この部屋には独特の雰囲気があり、誰もここでは眠ろうとしない。どこか威圧的で不安にさせる空気があり、幅広の暗色の木の床板にははっきりと傾斜がついている。管理人の女性は最初のうちは幽霊の存在など疑ってかかっていたが、やがてクロムウェル・ルームには「絶対に何かがいる」と確信した。ゴーストクラブのメンバーによるその後の調査では、部屋の中に「狂ったように甲高い声を上げる女性」の霊を見つけたらしい。

管理人が最初にそこで一晩過ごしたとき、持ってきた時計が真夜中に止まった。翌日、電池を交換するときちんと動き始めたが、真夜中になると再び止まった。彼女は普段は眠りが深いほうなのだが、その部屋では一晩中よく眠れない。何度もがばっと起き上がるのだが、何のせいで目が覚めたのかはわからなかった。別の寝室に移ると、この建物でも落ち着いて眠れるようになった。それから数カ月後に、別の男性スタッフがクロムウェル・

……管理人が最初にそこで一晩過ごしたとき、
持ってきた時計が真夜中に止まった。
翌日、電池を交換するときちんと動き始めたが、
真夜中になると再び止まった……

ルームに泊まると、彼の時計もやはり真夜中に止まった。

二〇〇四年四月にゴーストクラブがこのパブで夜間調査を実施したところ、さまざまな現象が起こり、カトリックの司祭、ヴィクトリア朝時代の子ども、一五五〇年代に火事で死んだ使用人など、建物内にはたくさんの幽霊がいると報告された。管理人の前任者は地下貯蔵室の階段の上に男性の姿を見かけたことがあり、オリヴァー・クロムウェルと思われる男性の幽霊を目にしたこともあった。最後にそのクロムウェルらしき幽霊が目撃されたのは、エリザベス王太后《クイーン・マザー》の葬儀の日だった。

❖　❖　❖

ランハイドロック
LANHYDROCK

❖コーンウォール

この地所は、一五三六〜四〇年の修道院解散まではボドミンの聖ペトロック小修道院《プライオリ》に属していた。建物は一七世紀にロバーツ家が完成させたもので、今も静謐な空気が流れているように思える。しかし実際には一八八一年に、台所の屋根から出火した火事で、建物は大きな損傷を受けている。火があまりにもすばやく燃え広がったため、六八歳だったロバーツ夫人を二階の窓からはしごで救出するしかなかったほどだ。夫人はひどいショックを受け、数日後に死んでしまう。ロバーツ卿も、妻と家を失った悲しみから立ち直ることができず、翌年に死亡した。息子のトーマスはすぐに屋敷をジャコビアン様式で改築した。ヴィクトリア時代当時における最新鋭の技術と設計を取り入れはしたが、元の建物の基本的な外観は維持するように努めた。

大部分が後期ヴィクトリア朝様式のこの邸宅には、ずっと以前から大勢の幽霊がとりついていると言われてきた。ヴィクトリア朝時代の衣服にトップハットをかぶった粋な紳士の姿が頻繁に見かけられ、灰色の貴婦人や、一七世紀に王党派の兵士の手で門楼の外で首をつるされたとされる男性の幽霊もいる。さらに、突然ふわっと葉巻の煙が漂ってくるとか、どこかの部屋から子どもたちの笑い声が聞こえてくるという話もある。

家屋・収蔵品担当マネージャーを務めるポール・ホールデンは、二〇〇四年六月に興味深い調査に参加した。この調査では、超常現象研究団体の一〇人のメンバーが、家の中の最も「活動的」な四つの場所で寝ずの番をすることになった。ロング・ギャラリー、子ども部屋、男女使用人の居住エリア、祈りの部屋とその廊下の四カ所だ。その一晩で彼らが遭遇した幽霊は実にバラエティに富んでいる——一八二〇年代に階段から落ちて死んだ女性の使用人、同じ時期に猩紅《しょうこう》熱で死んだらしい幼児、一七六〇年代に心臓病で死んだエミリーという名の一〇歳の少女、一八九〇年ごろに自然死したアルバート・リアという名の執事頭《ヘッド・バトラー》、一七九五年に馬に踏みつけられて死んだ一〇代の少年、既婚の同僚の子を身ごもったために二二歳で自殺したアナベル・オコナーというアイルランド人の女性使用人、手荷物室でかくれんぼをするのが好きだったロバートという小さな男の子、この家の人たちの

「見学者に最もよく尋ねられる質問のひとつは、〝幽霊はいますか?〟というもの。確かにスタッフの何人かはそれらしき存在を見たり感じたりしたと報告してくる……」

——ポール・ホールデン、家屋・収蔵品担当マネージャー

「あなたが何も知らないとわかっていたから、あの部屋に移したの。実はずっと前から幽霊が出るとみんな知っていたのよ」

――一九四〇年代、ハウスメイド頭から見習いハウスメイドへの言葉

靴を磨いていた陽気な仕立て屋、トップハットと青いベスト姿のおしゃれな紳士、そして、メイドと関係を持ち、男の子まで生まれたことで罪悪感に悩まされた一六世紀のカトリックの司祭。

さらに、調査は数多くの説明できない物理的現象も記録した。室温の急激な低下、突然漂う強い香水の匂い、異常なほどの暗闇、信頼できるはずのカメラ機材の不調、現像したフィルムに写る「オーブ」などだ。何人かはロング・ギャラリーの書物の一冊の周りを光がぐるぐる回るのを見た。それは『ブレヴィアム・ロマナム』という、一五六八年に刊行されたラテン語の祈りと読み物の本だった。

「調査グループに同行したナショナル・トラストの最も懐疑的なスタッフでさえ、異様な現象に驚かされました……絶対に動くはずのないコインのようなものが動き、チーク材の階段の上を影が横切り、電磁場測定計の針が激しく動き、いくつかの場所でオーブが写り込みました。使用人通路の電気がなぜか消え、ロング・ギャラリーからは奇妙な物音が聞こえてきました」と、ポールは説明する。

ランハイドロックの幽霊の活動があまりにも活発なので、ずっと前にそこを離れた人たちでさえ、そのときの経験を生々しく記憶している。ジョイス・ロウは、一九四〇年から四五年にかけてランハイドロックのハウスメイドをしていた。彼女の日常は忙しく、朝は

四時半に起きて五時から仕事を始める。一日のほとんどの時間は、両手両脚をついて床を磨いたり掃除したりして過ごしていた。戦争が長引くにつれ、他の使用人は次々と戦争に身を捧げるために屋敷を離れていき、やがて残ったのはジョイスとハウスメイド頭だけになった。ジョイスの寝室は一番上の階の小さな部屋に移されたが、一晩眠っただけで、彼女は夜中にこの部屋に入るのはもう絶対に嫌だと拒んだ。午後一一時半ごろにベッドで聖歌の本を読んでいると、突然、部屋の温度が下がったことに気づき、「誰かが私のほうに近づいてくるのを感じて恐ろしくてしかたがなかった」という。恐怖のあまり動くこともできず、彼女は一晩中眠らずに起きていた。翌朝その恐怖の体験をハウスメイド頭のイヴに話すと、イヴはこう告白した。「あなたが何も知らないとわかっていたから、あの部屋に移したの。実はずっと前から幽霊が出るとみんな知っていたのよ」

　その後、ジョイスが聞かされた話によれば、かつてのロバーツ一族のひとりが常習的なギャンブラーで、ある晩、半分は遊び心からカードゲームの賭け金代わりに自分の娘を結婚相手として差し出した。娘は自分を「勝ち取った」紳士と結婚するよりは、塔から飛び降りて死ぬことを選んだ。ジョイスが眠ろうとした小さな部屋は、その娘の寝室だったのだ。

　しかし、この物語は事実とは思えない。なぜなら、問題の部屋がある場所はヴィクトリア朝時代には使用人居住エリアだったからだ。それに、ロバーツ家の人間が娘を賭けで失ったことはなく、自殺を図ったのは両大戦間期のアレクサンダー・エイガー＝ロバーツという男性のみだ。この部屋は身分の高い誰かの寝室だったことは一度もない。しかし、おそらく、この複雑でロマンチックな物語の始まりはもっと平凡なもので、超常現象研究団体が夜間調査の間に遭遇した、二二歳で自殺したアナベル・オコナーというアイルランド人の使用人の話がもとになっているのではないだろうか。

最近、ジョイス・ロウは友人と一緒にランハイドロックを再訪する機会があった。彼女は好奇心にかられ、階段を上って長い廊下を歩き、何年も前に恐ろしい思いをした部屋のあるところまで行ってみることにした。廊下には日の光が差し込み、いくつも並ぶドアは触ると温かかったが、ジョイスが使った幽霊の出る寝室のドアだけは違った。そのドアだけは「氷のように冷たかった」という。

❖　❖　❖

スランエルファイロン
LLANERCHAERON

❖ケレディギオン

ウェールズの西海岸近くに位置するスランエルファイロンは、一八世紀の地主階級の領地としては二一世紀の現在までほとんど無傷で生き残ってきた稀有な例といえる。ここは一七九四年から九六年にかけてジョン・ナッシュ［一七五二～一八三五］が設計・建築したもので、彼の初期の作品の中では最も完璧な形で残っているものとして知られる。領地はおもに自給自足の生活の場としてデザインされ、魅力的な屋敷と周囲の緑地のほかに、乳製品加工室、洗濯室《ランドリー》、醸造室《ブルワリー》、塩漬け加工室《ソルトハウス》、庭園内の建物と自家農場などもある。

▼スランエルファイロンの地下貯蔵室。暗くて息苦しくなるような圧迫感がある。

「……時折ドアの向こうに誰かがよりかかり、
他の者が入ってくるのを防ごうとしているように感じることがあるが、
礼儀正しくノックをするとその抵抗する力は消えるのだという……」

最盛期には、屋敷と領地は活気に満ちあふれ、使用人や家族が毎日忙しく立ち働いていた。今でも「人々の暮らしが営まれていた」場所の名残は強く感じられる。領地が一般公開されるようになってからも、スタッフやボランティアはかつての住人たちの姿を見かけたり、誰かに見られているような気配を感じたり、視界の片隅に過去の残影のようなものがちらっとよぎることに気づいたりしてきた。内広間《イナー・ホール》に立つ人影を見かけたと思ったスタッフが、もっとよく見ようと振り向いたとたんに消えてしまうこともあれば、後ろから近づいてくる足音が聞こえたので、振り返るとそこには誰もいないということもあった。

この家に置いてある物は、自らの意思で動く傾向があるようだ。一度は晩餐室の石炭入れが暖炉のそばのいつもの場所から部屋の真ん中に移動していた。そのとき部屋にいたのは案内係ひとりだけで、彼は、自分は触っていないと断言した。同様に、この部屋のスタッフ用の椅子の後ろにある窓が激しく揺れることは有名で、まるで外で強風が吹いているか、誰かが強引に中に入ろうとしているかのようにがたがた音を立てる。

二階のミーティングルームでは、とくに謎めいた出来事が起こる。ここは以前寝室だった部屋で、しっかりと施錠されているのに勝手に電灯がつくことが頻繁にある。時折ドアの向こうに誰かがよりかかり、他の者が入ってくるのを防ごうとしているように感じることがあるが、礼儀正しくノックをするとその抵抗する力は消えるのだという。この真下の部屋にいる人たちが、ミーティングルームで足音がするのを聞くこともよくある。
スランエルフアイロンの使用人居住エリアは、家の中の残りの部分よりも、明らかに他人を歓迎しない雰囲気がある。ある晩、男性スタッフのひとりが夜遅くまで残って家政婦部屋（現在は事務所）の測定をしていると、突然、ドアがものすごい勢いでばたんと閉まり、中に閉じ込められてしまった。家にはそのとき彼ひとりだったので、誰かがふざけて彼を閉じ込めたりすることはできないはずだった。窓には鉄格子がはまっていたので、そこから外に出ることもできない。結局、彼はドアの板を壊してようやく逃げ出すことができた。

ナショナル・トラストがこの家を取得し修復する以前には、「ベルの廊下」に下がる古い電灯が冷たい霧に覆われているように見えることがあったらしい。明るく晴れた日でさえ、今でもこの電灯の下だけは冷気が漂っていることがわかる。またキッチンでは、上部が開放式の食器棚が見えない力で揺り動かされているかのように、がたがたと激しく揺れる。「おそらく料理人の幽霊が、自分のキッチンが乗っ取られたことに腹を立てているのでしょう」と、資産管理人は話す。

❖ ❖ ❖

LODGE PARK AND AHERBORNE ESTATE

ロッジ・パーク・アンド・シャーボーン・エステート

❖ドーセット

シャーボーン・エステートはコッツウォルド丘陵の一六五〇ヘクタールの田園地帯を占め、ウィンドラッシュ川の美しい景色を一望することができる。その中心に立つロッジ・パークは、現在は住居だが、もとは鹿狩りのための特別観覧席と宴会場だった。

ロッジ・パークはあるひとりの男性の考えで生まれ、彼のギャンブルと宴会への情熱で

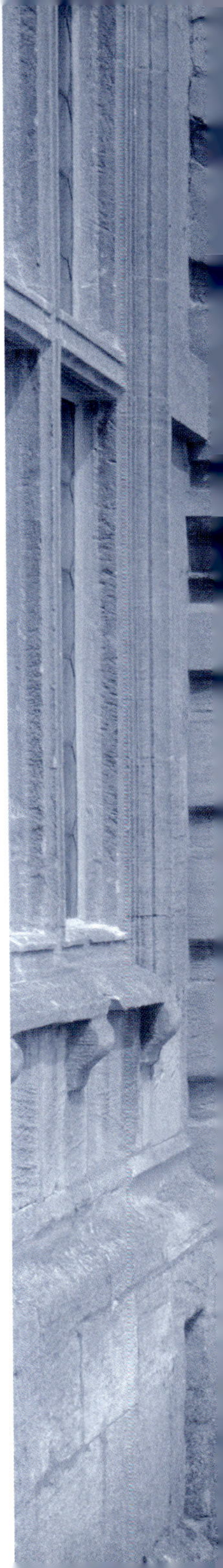

▶ジョン・〝クランプ〟・ダットンが築き、彼の憩いの家になったロッジ・パーク。

育てられたものだ。ジョン・〝クランプ〟・ダットンは国会議員とグロスターシャー州副知事を務めた伝説の人物で、一六三四年に築いたロッジ・パークには今も彼が住んでいると信じる人もいる。

シャーボーン教会での追悼式で、〝クランプ〟は「莫大な財産の持ち主にして、それに等しい心の持ち主」と称された。第七代シャーボーン卿チャールズ・ダットンの家政婦をしていたベティ・ホールは、木製の階段をせわしなく上り下りする〝クランプ〟の足音をよく耳にしたが、足音が聞こえたあたりを調べてみても、そこにはさわやかな空気しかなかったと話す。後の調査で、その場所にはかつて本当に木製の階段があったのだが、〝クランプ〟が住んでいた時代より少し後の一七世紀末に取り除かれたことがわかった。ベティは彼がまだロッジ・パークをさまよっていると信じ、敬意を表するために夕食のテーブルには彼の席も用意していた。

……第七代シャーボーン卿チャールズ・ダットンの家政婦をしていたベティ・ホールは、木製の階段をせわしなく上り下りする〝クランプ〟の足音をよく耳にしたが、足音が聞こえたあたりを調べてみても、そこにはさわやかな空気しかなかったと話す……

ロッジ・パーク・アンド・シャーボーン・エステート

おそらく、これほどギャンブル好きだったジョン・ダットンが、興奮した馬による事故で早すぎる死を迎えたのは皮肉な結末だっただろう。この事故に関してはさまざまな説があるが、彼はラーケットヒル・ウッドで馬から放り出されたか、屋敷の門を開けようとしている間に、自分の馬と馬車にはね飛ばされたかのどちらかと思われる。一六五六年のそのけががもとで、彼はロッジ・パークで亡くなった。

〝クランプ〟はこのあたりでは人望が厚く、今もオルズワースの町のパブ「シャーボーン・アームズ」に集まるダーツ好きの常連客の間では、彼の思い出が生きている。ダーツでミスショットがあると、「クランプ・ダットン！」と叫ぶのが伝統で、もっとよく知られた最近ののしり言葉よりも、エレガントに表現することができる。

❖ ❖ ❖

LYME PARK
ライム・パーク

❖チェシャー

◀ライム・パークの「騎士の寝室」。手前に大きな四柱式寝台が見える。

豪華で堂々としたライム・パークは、リー家の所有下にあった五五〇年の間に何度も生まれ変わった。中世の邸宅として建てられ、鹿狩りで有名になり、その後一五五〇年代にサー・ピアーズ・リーの手で大々的な再建が行われ、印象的なチューダー朝様式の邸宅に変わった。最後の大々的な改修を指示したのは彼の子孫のピーター・リーで、一七二〇年代にヴェネツィアの建築家ジャコモ・レオーニに依頼してパラディオ様式の宮殿に造り直した。現在の内装は、モートレイク［サリーのリッチモンドにあったタペストリー工房。一六一九年から一七〇三年まで営業］のタペストリーと彫刻家グリンリング・ギボンズの木彫りで有名だ。邸宅は、壮麗な貴賓室の数々と、板張りの部屋や秘密の通路を擁するエリザベス朝時代の古く暗い

……何世紀もの間、
亡霊たちの葬列が
ゆっくりと
鹿園と横切って、
〝騎士の丘《ナイツ・ロウ》〟と呼ばれる
小さな丘に向かうのが
目撃されてきた。
行列の後ろには
ブランシュと呼ばれる
白い服の女性が
歩いている……

……低い天井に凝った装飾、そして四柱式寝台に占められた〝騎士の寝室〟には重苦しい雰囲気があり……

部分とが興味深い混合をなしている。

古い邸宅の中心には、長さ三五メートルの立派なギャラリーがあり、チューダー朝時代には、天気の悪い日などに家族や招待客がそこで屋内の楽しみを見つけていた。ギャラリーは「騎士の寝室」へとつながり、このふたつの場所がライム・パークと関連した多くの幽霊話のおもな舞台となっている。低い天井、凝った装飾、そして四柱式寝台に占められた「騎士の寝室」には重苦しい雰囲気があり、そのため、見学者が突然部屋の温度が下がるのを感じたり、奇妙な匂いがすると口にしたりするのも、それほど意外ではないかもしれない。

ライム・パークの最も有名な幽霊物語は、家と庭を取り囲む中世の鹿園が舞台となる。何世紀もの間、亡霊たちの葬列がゆっくりと鹿園を横切って、「騎士の丘《ナイツ・ロウ》」と呼ばれる小さな丘に向かうのが目撃されてきた。行列の後ろにはブランシュと呼ばれる白い服の女性が歩いている。サー・ピアーズ・リーは一四二二年にフランスのムーの戦いで負った傷がもとで、パリで死亡した。彼はライム・パークに埋葬されることを望んでいたので、忠実な家臣が遺体をチェシャーに持ち帰り、故郷の土地まであともう少しの場所にある「騎士の丘」に埋葬した。ピアーズはレディ・ジョーンと結婚したが、彼にはブランシュという愛人もいた。葬列の後ろについて歩いている幽霊は、悲しみに打ちひしがれたこのブランシュと考えられている。

興味深いことに、何世紀もの時間の経過とともに長い葬列のイメージが薄まり、より新しい物語では、取り乱したブランシュの話だけが伝えられている。

❖　❖　❖

LYVEDEN NEW BIELD
ライヴデン・ニュービールド

❖ノーサンプトンシャー

ノーサンプトンシャーの寂しい土地に立つライヴデン・ニュービールドは、堀のある庭に囲まれた未完成のエリザベス朝様式の庭園住宅《ガーデンハウス》で、そこで働くスタッフでさえ「本当に気味が悪い」と表現する。建物は物悲しい過去の遺物で、一六〇五年の火薬陰謀事件の間接的な被害者ともいえる。一五九五年、サー・トーマス・トレシャムは自身のカトリック信仰を象徴する優れた家を建てたいと考えた。彼の夢は自分の信仰をレンガとモルタルで表現することだった。キリストの受難を表現する住居にするのだ。建物の「足型」は十字架の形をしている。

しかし、十年後、トーマス・トレシャムは国王ジェームズ一世を議会もろとも吹き飛ばそうという国家転覆の陰謀に加わったものの失敗に終わり、大きな負債を抱えたまま死亡した。そのため、すべての建設作業が突然ストップしてしまった。ライヴデンはまだ骸骨の状態で、完成されることも、屋根がかぶせられることも、ガラス窓をはめられることもないまま大邸宅の骨組みだけが残った。したがって、二年前に現在の資産管理人が、細長

……嵐の夜になると、
ブラックウォッチ連隊のバグパイプと
太鼓の音が今も聞こえるという……

い顔にあごひげを生やした男性が二階の張り出し窓部分に立っているのをはっきりと見て、恐怖を感じたのももっともだった。その人影は窓を横切って歩いていたかと思うと、すーっと視界から消えてしまった。しかし、ライヴデンの中には床はない。とすれば、彼が見たのはいったい誰――あるいは何――だったのだろう？　興味を引かれるのは、地元の印刷業者が地面から高さ七メートルはある張り出し窓のひとつに、同じ姿の人影を見たと報告していることだ。地元の人たちは、それほどの高さの場所に誰かがぶら下がったり、建物の中を上ったりするのは不可能だと言っている。それでは、彼らが見たのは本当に、自分の家の建築作業が進んでいないことを心配したトーマス・トレシャムの影だったのだろうか？

家の周囲の敷地にもただならぬ気配が感じられる。最近の発掘作業で、ライヴデン・ニュービールドが立つ土地にはかつて繁栄

早朝の空を背景にしたライヴデン・ニュービールドのシルエット。
建物の所有者で設計者のトーマス・トレシャムの姿が窓部分に見えるという。

した村があったことがわかった。ダウジング棒を使った実験によると、ふたつのレイライン［古代の遺跡どうしをつなぐとされる線］がこの場所で合流していて、その正確なポイントが家の東側の張り出し窓部分に当たるようだった。さらに、地元の言い伝えによると、ミドルガーデン（「堀のある庭」とも呼ばれる）にはスコットランド人たちの幽霊がとりついている。第四三ハイランド連隊「ブラックウォッチ」の九八人の兵士が、一七四三年に英国王の軍隊に包囲された。彼らは血を流すことなく降伏したものの、ひとりが飢えのために死亡し、ウォーターガーデンの中に埋められたという。ほかの全員は軍事裁判にかけられ、死刑の判決が下った。三人は銃殺に処され、残りはジョージアか西インド諸島に送られ、そこから生きて帰国を果たした者はほんのわずかしかいなかった。伝説によれば、嵐の夜になると、ブラックウォッチ連隊のバグパイプと太鼓の音が今も聞こえるという。

❖ ❖ ❖

モンペッソン・ハウス

MOMPESSON HOUSE

❖ウィルトシャー

モンペッソン・ハウスは、ソールズベリー大聖堂の敷地《クロース》に入ってすぐの場所にあり、修道院の緑地《クロイスターズ・グリーン》と呼ばれる広場を見渡す。一七〇一年の建造で、アン女王時代のイギリス住居建築を代表するものとみなされている。ここはまた、モンペッソン家の人々に影響を及ぼした驚くべき幽霊物語の舞台となった場所でもある。

この家はトーマス・モンペッソンが建てたもので、彼の死後に息子が完成させた。トーマスと従兄弟のジョンはどちらも筋金入りの王党派で、チャールズ二世の王政復古で突然、恩顧と財産を手に入れることになった。イングランド内戦中には、ふたりとも王のために戦った。戦争は多くの犠牲者を出し、とくに真っ先に最前線に出ることの多い鼓手を務めていた少年に犠牲が多かった。

内戦が終結した一六六〇年ごろ、ジョン・モンペッソンはテッドワースの自宅で、通りで太鼓をたたき続ける、ぼろ服を着た奇妙な浮浪者に悩まされた。モンペッソンは役人を呼んで楽器を押収させ、その持ち主を拘留させたが、これは愚かな行動だったようだ。執行官は押収した太鼓をモンペッソンの家に送り返してきた——それが災いの始まりとなった。

ロンドンへの旅から家に戻ったモンペッソンは、妻が神経をすり減らしていることに気

◀モンペッソンの階段ホール（左）と図書室（次ページ）。

がついた。妻が言うには、夜になると家の中に泥棒が侵入するらしい。というのも、物をたたきつける大きな音や騒がしい音が聞こえるからだ。それから三日後の夜にも同じことが起こり、外側の扉や壁をたたく騒々しい音が聞こえた。モンペッソンは拳銃に弾を込め、屋敷内を徹底的に調べてみたが、不審なものは何も見つからなかった。このときから三年にわたって、モンペッソン家の人々はテッドワースの家でこの騒がしい嫌がらせに悩まされることになった。

これはポルターガイスト現象に典型的なもので、物が投げつけられたり、子どもがベッドから体を持ち上げられたりする。しかし、あまりにしつこくて、頭がおかしくなりそうなのは、来る夜も来る夜も、絶え間なく太鼓が打ち鳴らされる音が聞こえることで、それは軍隊の鼓手が打つ特徴的なリズムだった。誰もこの音の原因を説明することはできなかったが、多くの目撃者が同じ経験をしている。ようやく一六六三年になって、問題を起こした浮浪者のウィリアム・ドルーリーが逮捕され、魔術を使ったとしてソールズベリーで裁判にかけられたが無罪放免になった。

モンペッソンの物語には、興味をそそられる現代の後日談がある。一九五〇年代のこと、かつてこの家に住んでいたハミック氏が新しい所有者のデニス・マーティノーを訪ねてきた。ハミック氏から鼓手の少年の話を聞かされた

「……しかし、あまりにしつこくて、頭がおかしくなりそうなのは、来る夜も来る夜も、絶え間なく太鼓が打ち鳴らされる音が聞こえることで、それは軍隊の鼓手が打つ特徴的なリズムだった……」

マーティノー氏は、鼓手が身に着けていた真鍮のバッジを彼に見せた。それは、太鼓がしまわれていたと思われる部屋の床下で見つけたものだった。

❖　❖　❖

NEWARK PARK
ニューアーク・パーク

❖グロスターシャー

高さ一二メートルの石灰岩の断崖の上に立つニューアーク・パークは、興味深い歴史を持つ他には類を見ない家だ。もともとは一五五〇年代にチューダー朝様式の狩猟用ロッジとして建てられたもので、それは東に面したファサードに今も名残をとどめている。一七九〇年代に建築家ジェームズ・ワイアットによって改修され、新しく南に面したジョージアン・ゴシック様式のファサードができた。風景式庭園と森林に囲まれたニューアークは、コッツウォルズ丘陵の端の、目を見張るような絶景の中に立ち、グロスターシャーの田園地方からメンディップ・ヒルズやモールバラ・ダウンズの丘陵地帯まで広がる感動的な眺めを楽しめる。

ニューアークは四〇〇年以上にわたって人が住み続けてきた、温かい雰囲気のある邸宅だが、幽霊話には事欠かない。物語の発端は建設に使われた石そのものにあった。修道院解散の後、サー・ニコラス・ポインツがキングズウッド修道院を買い取り、彼の「新しい《ニュー》仕事《ワーク》」であるニューアークのための建築材を確保するために解体した。一部の人は、このように回収した建材を再利用したことが逆効果になったのだと信じている。成形済みのレンガ材とともに、立ち退かされた修道士たちの霊もついてきたと考えたのである。

奇妙な物音はニューアーク・パークのトレードマークであるかのようだ。姿は見えないのに聞こえる人の声、響き渡る足音、見えない布地が柔らかくこすれる音を聞いたという報告が相次いだ。ある冬の夜、現在の管理人がひとりで家の中にいて、建物の一六世紀から残る部分にある小さな居間で静かに本を読んでいると、突然、何かが、あるいは誰かが真上にある部屋を歩いている音が聞こえた。それが足音であることは間違いなく、家の中には誰もいないと知っていたので、彼は階段を上り、「緑の寝室」と呼ばれる部屋の中をのぞいてみた。何も見えなかったが、そこには確かに冷気が漂っていた。これはニューアークではよく起こることだった。「緑の寝室」は幽霊が出ることで有名なのだ。

別のときには、管理人が三階から下りてくると、ボストンという名の飼い犬のグレートデーンが主階段の上の踊り場にいた。犬はゆっくりとしたうなり声を上げ、階段下にある何かをじっと見つめている。「ボストンの背中の毛は逆立ち、彼女には見えていた何かに近づくほど、うなり声は大きくなりました」と管理人は話す。「この状態が一〇分も続き、私には何も見えませんでしたが、何かが確かにボストンを怒らせていました！」

一九八〇年代末に、ある写真家がこの家で雑誌記事用の写真を撮影したことがある。撮影自体は何事もなく終わったが、数週間後、彼が撮影した写真の一枚を送ってきた。そのプリントには説明のつかない染みがあった。部屋を歩いて横切っている人影のように見えるが、写真を撮ったときには誰もいなかった。

……姿は見えないのに
聞こえる人の声、響き渡る足音、
見えない布地が柔らかく
こすれる音を聞いたという
報告が相次いだ……

ニューアーク・パークの南正面と東正面。
もとは16世紀の建物で、その後何度か改修されてきた。
それが不思議な現象の起こる理由のひとつなのだろう。

極端にひんやりする場所や説明できない光を見たという報告は、見学者からも地元の人たちからも寄せられている。管理人はこう説明する。「一般公開されている家に住んでいると、見学にやってきたまったく知らない人たちから、家の中を見て回っている間に奇妙な体験をしたと告げられることがあります。私も一度ならずそうした言葉を聞いています。『あの部屋に入ったとたんに、すぐに逃げ出さなければ、と思いましたよ』と言う人たちが何人かいました。人の出入りがないはずの部屋で誰かを見たと言う人たちもいれば、家の中の特定の場所で、急に背筋が寒くなったと言う人たちもいました」

それでも管理人は、自分の前任者の時代よりは、ここの雰囲気は明るくなったと感じている。前任者はこの建物がまだ半分見捨てられた状態にあったころに住んでいた。「家が息を吹き返したので、ここにすみついている霊たちの活動が少しはおさまってきたのでしょう。ニューアークに存在するものが何であれ、いつも穏やかで、害をもたらすことはありません」と管理人は話す。

❖　❖　❖

NUNNINGTON HALL
ナニントン・ホール

❖ヨーク

ノースヨークシャーのライ川のほとりに立つナニントン・ホールは、一七世紀のマナーハウスで、四方を壁にしっかりと守られた気持ちのよい庭がある。樫材を張った壁の内装が見事で、三つの階段、子ども部屋、家族の居室が数部屋あり、古くから幽霊が出ることで知られてきた。

この館の最後の居住者になったスーザン・クライヴ夫人は、一九三七年に起こった話をこう伝える。この年、リレット・ド・フーコー嬢という若いフランス人女性がここに滞在したときのこと。彼女は「板張りの部屋《パネルド・ルーム》」に泊まったが、二、三日もすると、恐ろしくて眠れないと訴えてきた。毎夜、「何か」が壁を通り抜けて彼女の枕元の上に現れ——当時は壁際にベッドが置かれていた——窓から出ていくというのだ。部屋を交換してもらうと、それからは夜中に悩まされることはなくなった。

この家にはナニントンの「高慢な婦人《プラウド・レディ》」がとりついているといわれる。彼女はナニントン・ホールの所有者の二番目の妻で、継息子のことをひどく嫌い、自分自身の息子にこの地所を相続させたいと考えた。やがて父親が死ぬと、継母は上の息子を虐待し、屋根裏部屋に閉じ込めた。彼のことを心から慕っていた母親違いの弟だけが彼に会うことを許され、食べ物やおもちゃを運んでいた。ある夜、兄は屋敷から逃げ出すことに成功し——おそらく使用人の誰かの助けを借りたのだろう——、跡形もなく姿を消した。継母は大喜びだったが、弟は悲しみに暮れた。遊び相手を失ったことがつらく、それからは兄が戻ってこないかとずっと窓から外を見つめていた。そして、かわいそうなことに窓から身を乗り出しすぎてしまい、地面に落ちて、そのけがのために死んでしまった。母親は悲しみから立ち直ることができず、家の中をさまようようになった。彼女の死後、家は新しい所有者の手に渡ったが、彼女の幽霊が部屋から部屋を滑るように通り抜けて階段を上る姿が目撃されるようになった。それとともに絹のドレスがたてる衣擦れの音がしたという。

階段の上には犬の亡霊が出るらしい。興奮して廊下を走り、手すりを飛び越えて階下に落ちて死んでしまったペットの犬だという。その話をまったく知らない見学者が何人か、階段から下をのぞき見ているときに、目には見えない犬が自分の脚の周りを回っている気

「……毎夜、〝何か〟が壁を通り抜けて
彼女の枕元の上に現れ、窓から出ていく……」

ライ川のほとりに立つナニントン・ホール。

がした、と報告している。

現在の目撃者たちは、誰もいないと思っていた部屋から、遠くでパーティーが開かれているような声を聞くことがある。なかには急いで移動する人影を目にした人もいて、「すうっと飛び去る影のようだった」と表現している。ときには建物の中でパイプの煙の独特な匂いがすることがあり、地元の人たちからは、女性の幽霊らしき人影が庭の小道を歩いているのを見たという話も聞かれる。

「いつからか、何も聞こえないし、何も見えないという人のほうが少なくなりました」と、スタッフのひとりは語る。「ここはとても心地のよい家ですが、皆さん奇妙な物事を見たり経験したりします。それでも、私は夜にこの家に来るのが大好きなんです。恐ろしい雰囲気はありません」

❖ ❖ ❖

THE OLD POST OFFICE

オールド・ポスト・オフィス

❖ティンタジェル、コーンウォール

オールド・ポスト・オフィスはナショナル・トラストが早い時期に取得した資産のひとつ（一九〇三年）で、コーンウォールのティンタジェルにある。この土地の名前は、アーサー王伝説とのつながりで世界中に知られ、岩だらけの岬に立つティンタジェル城は、見る者の目を圧倒し、伝説への想像をかきたてる。

オールド・ポスト・オフィスは村の中心にある小さな中世のマナーハウスで、風雨にさ

▼ティンタジェルのオールド・ポスト・オフィスの客間《パーラー》。おそらくもとはキッチンとして使われていた場所だ。

らされ荒れ果てている。一八四一年には、ティンタジェルの教会区で週に一二〇通以上の手紙が書かれるようになり、この村にも郵便局が必要になった。そこで、当時は刺激的な新しい通信手段だった郵便のサービスを始めるために、古いマナーハウスが使われることになった。この建物は今も住居兼郵便局として機能し続けている。屋根はスレートタイルの重みで徐々にへこみ、裏側の壁にはその重さを支えるために控え壁がいくつも加えられてきた。

カウンターの向こうには歴史を感じさせる郵便・電報設備が残り、一九世紀後半のスパニョレッティ受信機やアンジュレーターもある――初期の通信手段でのちにモールス信号と呼ばれるようになるもの。

オールド・ポスト・オフィスの現在の管理人を務めるケリー・パーマーは、非常に興味深い幽霊現象を体験してきた。彼女は毎朝、建物に入ると電灯が点滅することに気づくようになった。まるで、じゃまをされたことに抗議するかのようで、それが毎日、一般公開のために建物を開館する直前まで続く。ある見学者がベッドの中に老婦人がいるのを見たと言うのを聞いて、ケリーはスパニョレッティ受信機を使って、電灯の点滅パターンを記録してみることにした。すると、機械は繰り返し「ノーラ」または「ノア」という言葉を打ち出した。そのため、後日オールド・ポスト・オフィスに以前住んでいた老婦人がノア夫人と呼ばれていたことを知っても、ケリーは驚きはしなかった。

❖ ❖ ❖

POWIS CASTLE
ポウイス城

❖ポウイス

ポウイス城のような古い場所にまったく幽霊の話がないとすれば、そのほうが驚きというものだろう。ポウイスは一三世紀にはウェールズ諸侯たちの堅固な要塞となり、一四世紀から一五世紀にかけては包囲攻撃を受け、清教徒革命の内乱の間には議会派の勢力によって制圧された。城の外観は中世初期の時代からほとんど変わっていないが、現在はバロック様式の壮大なテラス式庭園に取り囲まれ、内装と調度品はハーバート家代々の富と趣味を反映している。

▼アンドリース・カーペンティエール作、「名声とペガサス」(一七〇五年ごろ)の彫像の一部。メドゥーサの首が叫びを上げる。

……ある見学者が
自分の腕に
見えない手が触るのを
感じて恐ろしくなった……

ポウイス城のロング・ギャラリー。
このホールは「公爵の部屋」——幽霊が最もよく現れる場所のひとつ——に続いている。

「……〝公爵の部屋〟は、
ロング・ギャラリーの端で交差する
クロス・ギャラリーに面している。
このエリアは城の中で
最も幽霊が多く出る場所のひとつだ……」

ポウイスで働く人たちは、この城には「心地よい家庭的な雰囲気」があると証言するが、数世紀の間に記録されてきた幽霊話を無視することはむずかしい。最近の不可思議な目撃談としては、スタッフの宿泊場所として使われている部屋のひとつで、管理人とその息子の両方のところに頭をすっぽり覆う室内帽《モブキャップ》をかぶった女性が現れた。もっと最近になってからも、同じ人物が建築監督と妻が住む舞踏室《ボールルーム》棟のフラットのベッドの端に座っているのが目にされている。これほど穏やかとはいえないのは、大きな犬が古いキッチンから逃げ出そうとして激しくぶつかるかのような物音だ。現在のペットたちはこのエリアには近づこうとしない。

「公爵の部屋」は、ロング・ギャラリーの端で交差するクロス・ギャラリーに面している。このエリアは城の中で最も幽霊が多く出る場所のひとつだ。城のこのあたりでは、現れてはあっという間に消える人影をスタッフがたびたび目撃してきた。一般の見学者もこのエリアに来ると、どういうわけか大勢の人が集まっている気配を感じることがある。見学者のふたりが（別々にだが同じ日に）、黒い服を着た女性が暖炉のそばの椅子に座っているのを見かけ、別のときには、ある見学者が自分の腕に見えない手が触るのを感じて恐ろしくなった。同じように、管理責任者《ハウス・スチュワード》はある日、公爵の部屋のドアのところに女性が立っているのを目にした。そのときは自分の空想の産物だと思ったのだが、その日の後刻、見学者のひとりがまったく同じ場所に女性がいる気配を感じたと言ってきた。

ポウィスの閉館時刻後に動き始める幽霊たちは、その多くが舞踏室棟に集中して現れるようだ。細長い一八世紀の舞踏室を大きなグランドピアノが美しく飾っているのだが、スタッフは部屋が空っぽで鍵がかかっているときに、中から怪しげなピアノの音が聞こえてくると話している。あるときには、ハウスマネージャーと修復管理者がそこで作業をしているはずのピアノ調律師と話すために、一緒に舞踏室に行った。彼らが階段を上っていく間にははっきりピアノを奏でる音が聞こえていたのだが、部屋の中に入るとピアノは鳴っておらず、そこには誰の姿もなかった。

最近の改装工事の間には、ピアノを普段置いてある位置から苦労して移動させたが、翌朝になると元の場所に戻っていた。どんな動きにも反応するはずの警報装置は鳴らないままだ。誰かが舞踏室のドアを出入りしようとする音が聞こえるという報告も多くあるが、これもやはり、人間が引き起こすのは不可能なときに起こっていた。

幽霊を信じない人も、舞踏室の奇妙な空気には震え上がる。あるときには、昼間に階段を下りて部屋に入ろうとした作業員が突然、そこには自分ひとりのはずなのに誰かに肩を押されるのを感じた。もしかしたら、そう感じたのは階段下の壁にかかる物騒な人捕りわなを見たせいかもしれない。あるいは、一八世紀に捕らえられ、審判を受けるために引きずられていった気の毒な密猟者の記憶を感じ取ったのかもしれない。

クオリー・バンク・ミル

QUARRY BANK MILL

❖チェシャー

クオリー・バンク・ミルとスタイアル・エステートは、現在のイギリスで稼働可能な最古の商業用紡績工場だ。ヨーロッパでは最も強力な現役の水車とふたつの蒸気機関も備えている。スタイアル・エステートは、かつて工場労働者とその家族が暮らしていたスタイアルの工場村と、ボリン川の谷間に広がる川岸、農地、森林から成る。

クオリー・バンクの徒弟用住居《アプレンティス・ハウス》は、工場で年季奉公をしていた貧しい子どもたちの寄宿舎で、建物は一七九〇年に建設され、一八四七年まで常時およそ九〇人の子どもたちが暮らしていた。その間、管理人は何人か替わったが、なかでもショークロス家とその次のティンパーリー家が有名だ。この家には料理と掃除を担当するスキヴィ――女性家事使用人――たちも雇われていた。徒弟用住居には何人かの幽霊がすみついているとされ、その全員が大人の女性だという。

とくに頻繁に幽霊が出没するのは屋根裏で、そこから階段を下りて医務室や少年たちの寄宿部屋に向かう途中に、空気がひんやりと変わる場所がある。一九八〇年代に改装工事をしたときには、医務室にいた作業員たちが、屋根裏の端に女性らしき姿を見かけた。別のときには、スタッフのひとりが鍵をかけて戸締りをした後、犬を連れて家の中を見回っ

◀クオリー・バンク・ミルの裏手。工場はボリン川の畔に立つ。

「……最上階を女性の幽霊が
さまよっているのを
スタッフが目撃してきた……」

ていると、屋根裏に続く階段のところで犬が先に進むことを拒み、毛を逆立てた。それ以来、この犬は家そのものにまったく入ろうとしなくなったという。

霊感の強い見学者は、屋根裏に強く反応する。ある見学者が持ってきた振り子は、途中まではずっと静止状態だったが、一行が屋根裏までくると激しく揺れ始めた。ほかにも屋根裏で女性の幽霊を見たと話す人は多く、一度は説明係のすぐ後ろに立っていたという。超常現象をまったく信じていないあるスタッフも、日が暮れて各部屋のドアを閉めていたときに、屋根裏で自分の後ろに誰かいるのをはっきりと感じた。

子どもたちの教室だった部屋に入った人たちは、暖炉のそばに何かの気配を感じ、自分が見られているような気持ちになる。見学者のひとりはこの家には邪悪な霊がとりついていると言って、教室に入ることをきっぱり拒んだ。

現在の管理人と彼の家族は徒弟用住居に付属したコテージに住んでいる。子どもたちふたりは、小さいころに「古くさい服を着た女性」がベッドの足元に立っているのをよく目にしていたと話す。

工場の本体でも、最上階を女性の幽霊がさまよっているのをスタッフが目撃してきた。工場での犠牲者や死亡事故の記録を調べてみたが、女性が含まれているものはひとつもないようだった。そのため、この女性の幽霊が誰なのか、なぜこの場所にとりついているのかはわかっていない。

❖ ❖ ❖

RHOSSILI

ロッシリ

❖ガウアー

見事なカーブを描くロッシリ湾の海岸線は、ウェールズで最も美しい風景のひとつだ。その片方の端に奇妙な動物のような形をしたワームズヘッドの岬がある。この一帯は、とくに冬には現実離れした雰囲気が漂い、幽霊話も多く聞かれる。内陸部のロッシリ・ダウンはノルマン征服以前の村があった土地で、「ザ・ヴィル」と呼ばれる地域には中世の農地と農法が今も残り、最近になって近くに小さな古代の教会の遺跡が発掘された。

吹きさらしの寂しい海岸近くに古い牧師館がある。一八五〇年にそれより古い農家の跡に建てられたものだ。詩人のディラン・トマスはこの建物と立地が気に入り、ここに移り住みたいと考えたが、一番近いパブまでかなり離れていたために断念し、その代わりにさらに北のラーン村にあるボートハウスに住むことにした。

牧師館が孤立した場所に建てられた理由は、そこが湾の両端にあるスランゲニスとロッシリのふたつの教区から等距離にあったからだ。ここに最も長く住んだのはジョン・ポンソンビー・ルーカス牧師で、一八五五年から一八九八年までこの牧師館を拠点にしていた。献身的で精力的な牧師は、広範囲に暮らす教区民との交流を保つために、強くてたくましい馬を乗りこなして移動していた。地元では馬に乗った彼の幽霊がカーブを描く海岸沿いを走る姿が目にされるという。

嵐の夜にはとくに、一八〇〇年から伝えられてきた郷士《スクワイア》マンセルの物語が思い出される。強欲だった彼の幽霊が引く四頭立て馬車が海岸線を走るという話だ。あるとき、激しい引き潮によってロッシリ海岸に隠されていた黄金が見つかった。その話を聞きつけた郷士マンセルは、馬車で海岸へ急ぎ、すでにその場にいた村人たちを追い払って、大半の金を自分のものにした。郷士はその後、海岸で見かけた村人たち全員の後を追って、彼らが幸運

「月を背にした人影が見える
私以外の誰にも見えないその姿に、
私の胸の鼓動は激しく乱される……」
――トーマス・ハーディ、「ウェセックスの丘」（一八九六年）

南ウェールズの雄大なロッシリ湾。

にも手にすることができた金があればそれも強奪した。そして、戦利品で大いに楽しむためにすぐにその地域を離れたが、数年後、有り金を使い果たしてしまうとロッシリに舞い戻り、まだ金が残っているのではないかと海岸を探し回ったが無駄に終わった。今も、嵐の夜になると四頭の馬が引く彼の馬車が砂浜に現れると信じる人たちがいる。

❖　❖　❖

SHAW'S CORNER
ショーズ・コーナー

❖ハートフォードシャー

ハートフォードシャーのエイオット・セントローレンスという小さな村にあるこの赤レンガ造りの家には、エドワード朝時代のアーツ・アンド・クラフツ運動［産業革命による大量生産を批判し、中世の手仕事を見直すことを主張した運動］の影響が見てとれる。そして、この家には英文学界に目覚ましい功績を遺した多産な作家が四六年間暮らした。アイルランド生まれの劇作家にして哲学者、〝驚異の鬼才〟であるジョージ・バーナード・ショーは、住む者がみな長生きするからという型破りな理由でこの家を選んだ。ショーは九四歳まで生きたので、自らこの説の正しさを証明したことになる。彼と夫人の遺灰がまかれた庭には、陽の向きに応じて回転できるサマーハウスが立つ。ショーは晴れた日にはここで執筆することがあり、舞台劇の傑作のいくつかはここで書き上げた。

家と内装は、一九五〇年一一月二日にショーが亡くなったときのまま、ほぼ同じ状態で残されている。中に入ると、この並はずれた人物の気配が触れられそうなほど強く感じられ、細いメタルフレームの眼鏡から一九五〇年の死の直前の日付が入った自転車ツーリングクラブの会員カードまで、彼の個性や情熱をしのばせる品があふれている。帽子のコレクション、ロダン作のショー本人の胸像、長いウールの下着、歩行用の杖、ひどく毛羽立ったツイードのスーツといった遺品が、オスカー像や印刷済みのはがき——問い合わせの手紙のほとんどへの返信用に使っていた——とともに、くつろぎの空間を生み出している。壁には彼が崇めていた人たちの写真が飾られ、愛する妻シャーロットや二〇世紀初期を象徴する三人——スターリン、チャップリン、ガンジー——が、最も見栄えのいい特等席を競い合っている。

　スタッフやボランティアの何人かはこの家に幽霊が出ると信じ、ここに住み込みで働いた代々のスタッフが、一般公開されていないときにも家の中に「住人がいる」気配を感じたと報告している。現れる幽霊には、いたずら好きで、社交的で、好奇心旺盛なジョージ・バーナード・ショー本人と、しっかりもののショー夫人のほか、頻繁にここを訪れ歓待を受けていたアラビアのロレンスも含まれる。

　現在の管理人のポール・ウィリアムソンは、ここで働き始めて最初の数カ月の間に、何度も不思議な、ただし悪意は感じられない出来事を経験したという。彼がどこかの部屋に戻ってみると、閉めたはずのドアが大きく開いていることが多く、あるときには、ポールとふたりのスタッフの目の前で、そばに誰もいないベヒシュタイン製のピアノが三音の和音を鳴らした。ポールがこの家で過ごした最初の夜には、いきなり警報が鳴り出した。それ自体は珍しいことではなかったが、前任者ふたりがここで過ごした初日の夜にも同じことが起こっていた。

　一九八〇年のハーツ・アドバタイザー紙に、ロナルド・リッグスという地元のジャーナリストが書いた記事が載っている。リッグスはショーの友人で、ショーの最後の家政婦だっ

ショーズ・コーナーの北正面。
アイルランド人の劇作家で評論家のショーは、
まだこの家に「住んでいる」といわれる。

「……現れる幽霊には、いたずら好きで、社交的で、
好奇心旺盛なジョージ・バーナード・ショー本人と、
しっかりもののショー夫人のほか、
頻繁にここを訪れ歓待を受けていた
アラビアのロレンスも含まれる……」

たアリス・レイデンという未亡人とも親しかった。彼女は厳格なスコットランド長老派教会の信者だったが、高齢の劇作家はその彼女に対して、死後の世界が存在することを自分が証明してみせると約束したという。亡くなって何週間かたったころ、ショーは本当に彼女の前に二度現れて約束を守った。最初はキッチンのドアのあたりに姿を現し、その二、三日後には、階段の踊り場あたりに足音が聞こえ、彼の声が「そこにいるかい、ミセス・レイデン?」と呼びかけた。レイデン夫人はのちにこう語っている。「怖くはなかったわ。こうしたことに疑問を持ったりはしないし、超常現象にも興味はないの。私にわかるのは、ミスター・ショーが現れて、私に話しかけたということだけ」

　こうした出来事は、変わり者で空想的な劇作家の人柄にぴったり当てはまるように思える。管理人のポールは、「私も彼はまだここにいると思っていますよ。でも友好的に接してくれています」と話している。

❖　❖　❖

シェリンガム・パーク
SHERINGHAM PARK

❖ノーフォーク

シェリンガムの壮大な風景式庭園は、造園家ハンフリー・レプトンの際立った業績のひとつとして知られる。森林園や、シャクナゲとアザレアの咲く美しい庭、塔から見渡せるノーフォークの海岸と田園地方の見事な風景などを楽しむために、多くの見学者が訪れる。しかし、表向きは穏やかな公園ながら、ここは心霊スポットであるともいわれている。パークの見学者用入口に立つ、かつては門番小屋だったアイヴィー・ロッジがその中心になっているようだ。

シェリンガムで起こった最初の超自然的現象は、一九世紀初めにここで猟場番人をしていたラリー・バンヴィルが書いた『バンヴィルの日記』に記されている。ラリーは思いもよらない副業を持ち、夜は足治療医として働いていた。日記によれば、ある夜、ふだんからよく知る患者のひとりがアイヴィー・ロッジの階段下にやってきて、寝ているラリーの名前を呼んだ。下に降りていったときには男性の姿はもう消えていたが、のちになってラリーはその男性が彼のところを「訪ねてきた」まさにその晩に死んでいたことを知った。

アイヴィー・ロッジは大部分が一九〇四年に取り壊され、その後再建された。そして次には、一九二〇年代にそこで生まれた三人の姉妹が暮らすようになった。彼女たちの父親

……今から四〇年ほど前、
姉妹のひとりが夜中にふと目を覚ますと、
寝室に黒いドレスを着た女性が立っていた。
どなたですか、と尋ねると、
女性は背を向け、そのまま壁を通り抜けて姿を消した……

は一九一二年からここの猟場番人をしていた人物だ。今から四〇年ほど前、姉妹のひとりが夜中にふと目を覚ますと、寝室に黒いドレスを着た女性が立っていた。どなたですか、と尋ねると、女性は背を向け、そのまま壁を通り抜けて姿を消した。このありえない状況に驚いた女性は、ベッドから飛び起きて窓に駆け寄り、「黒い服の女性」がけがをして地面に倒れているのではないかとのぞき込んだ。しかし、下には何も見えなかった。

この幽霊はその数年前に屋敷で起こった悲劇的な事故と関係があるのかもしれない。第二次世界大戦中から戦後にかけて、カナダ軍森林兵団の作業員がシェリンガム・パークで木の伐採を行っていた。アイヴィー・ロッジに近いウッドファームというコテージに住んでいた女性が、早朝自転車に乗って敷地内の道を走っているときに、材木用トラックとぶつかって死んだ。彼女は勤め先のシェリンガム・ホールに向かう途中だった。寝室で「黒い服の女性」を見た婦人は、自分が目にしたのは自転車に乗っていたこの女性だったのだろうと考え納得した。

❖ ❖ ❖

スーター灯台

SOUTER LIGHTHOUSE

❖タイン・アンド・ウィア

北東部海岸の吹きさらしの岬に、派手な赤と白の縞にペンキを塗ったスーター灯台がある。交流電流を使った最初の灯台で、一八七一年に稼働を始めたときには技術の飛躍的進歩とみなされた。スーターの灯台守たちは一一七年間休むことなく働き、岸壁下の危険な岩礁には近寄らないように船に警告を発していた。どうやら、灯台守の少なくともひとりは、今もその仕事を続けているようだ……

灯台は一九八九年にナショナル・トラストが取得したが、その直後からスタッフは度重なる奇妙な出来事に悩まされてきた。ほかに誰もいないはずの建物で、とくに塔の中で、走り回る足音やドアをばたんと閉じる音が頻繁に聞こえる。ドアが鍵でもかかったかのように動かなくなったと思ったら、急に簡単に開くようになる。

「こうした奇妙なことが起こるのは、灯台で何か少し『いつもと違うこと』――展示品の変更や特別なイベントや活動――をするときが多いようです」と、現在の資産管理人は話す。「まるで誰か――あるは何か――が、おまえたちのことをいつも見ている、あるいは監視しているから、つねに気を緩めるな、と警告しているかのようです……」

灯台の内部は二〇〇二年の春に大々的に改装された。おそらくここまで装飾とレイアウトが劇的に変わったのは相当久しぶりのことだろう。新しいシーズンの公開初日の前夜、ひとり深夜まで作業を続けていたスタッフが機関室に入ると、すぐに誰かがそこにいる気配を感じた。彼は、エアタンクの後ろを動いている誰かの影が床の上を通り過ぎたように見えた――というより感じた気がして、全身に震えが走った。部屋の中にはほかに誰もいなかった。しかし、間違いなく気配を感じたので、彼は声に出して話しかけてみた。そこにいる誰かに向かってあいさつし、灯台の改装を不愉快に感じていなければいいのですが、と気遣いを見せ、灯台への関心を高めるための改装なのだと説明したのである。

確かに、スタッフは時折スーターの以前の住人の姿を一瞬とらえることがある。新しく入ったウエイトレスは、キッチンの廊下の向こう端に古風な制服を着た男性がいるのを見てぎょっとした。男性はすぐに姿を消した。ほかには誰も男性を見たスタッフはおらず、その日は彼女の説明に当てはまる格好をした見学者は来ていなかった。

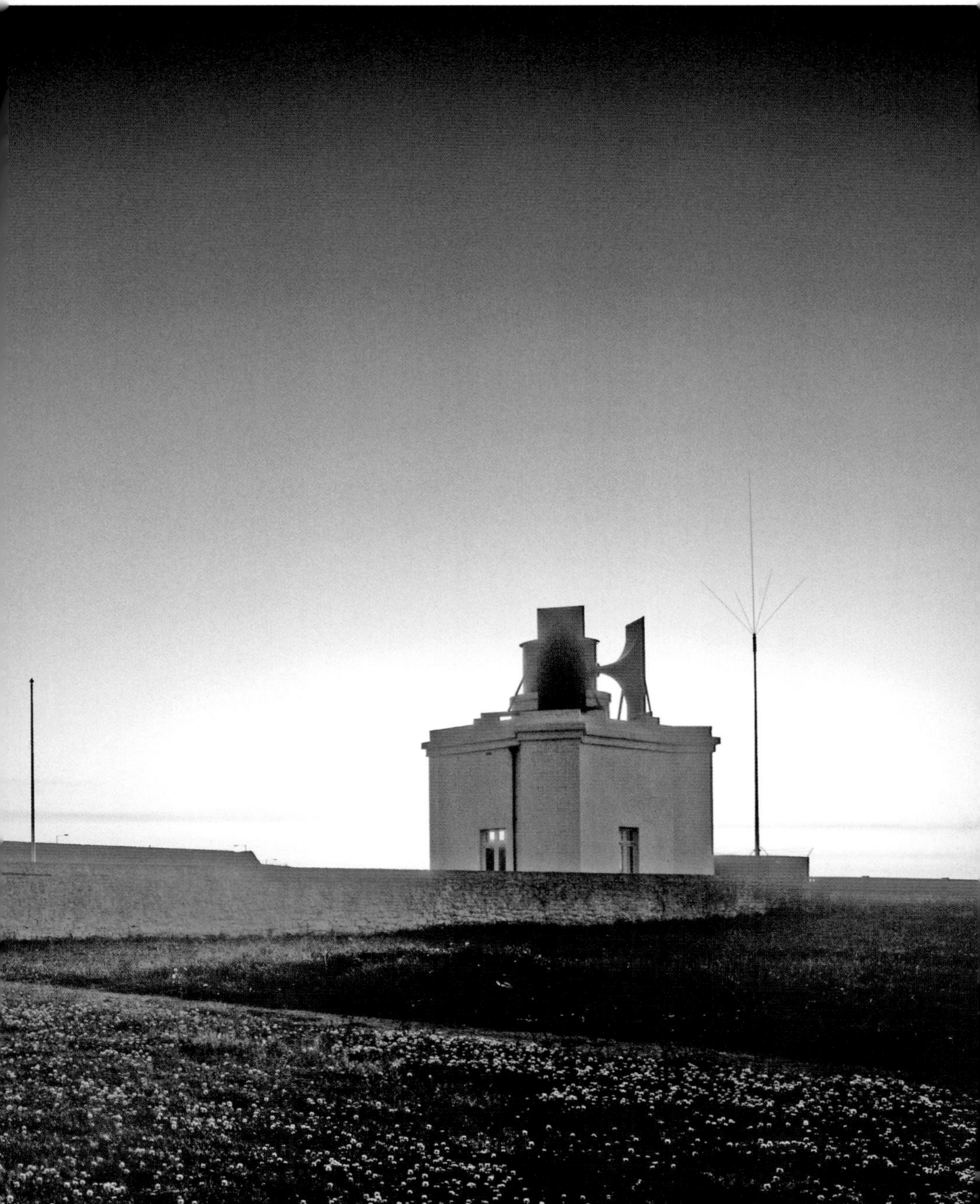

……ほかに誰もいないはずの建物で、
とくに塔の中で、走り回る足音や
ドアをばたんと閉じる音が頻繁に聞こえる……

夕暮れのスーター灯台と霧信号所のシルエット。

「……女性のひとりが急に叫び声を上げて後ろを振り向き、自分のおしりをつねった誰かに抗議しようとした。しかし、そこには誰もいなかった……」

このウエイトレスが幽霊を「目撃」したのと同じころ、キッチンの廊下の特定の場所や、再建された門番小屋の周辺で、強いたばこの煙の匂いをかいだというスタッフが相次いだ。この建物は禁煙なので、たばこの匂いがするはずはない。しかも、そのたばこはとりわけ鼻を刺すような匂いだった。しかし、同じ日の後刻、戦争前に祖父が灯台に住んでいたという紳士がスーターを訪ねてきた。その祖父が強いたばこを吸っていたらしい。この元住人は灯台守ではなく、地元の炭鉱で働く機関士で、巻き上げ機を担当していた。その会社が当時の灯台所有者トリニティ・ハウスから、少なくともふたつのコテージを賃借していたのだ。一年後、孫の男性が灯台付近で撮った祖父母、両親、赤ん坊のころの自分が写った写真を持って、再びスーターにやってきた。彼はティールームの近くの小さなスタッフ部屋に案内され、部屋の中央にある丸テーブルに資産管理人とともに北向きの窓のほうを向いて座った。彼が古い家族写真の束を取り出すと、その白黒写真の一枚に、ヘビースモーカーの祖父が部屋の中央の丸テーブルに北を向いて座っている姿が写っていた。つまり、祖父と孫が同じ部屋の中でまったく同じポーズをとっていたのだ……六〇年ほどの時間を経て。

スーターのスタッフは奇妙な出来事にすっかり慣れてしまい、恐ろしいとも思わなくなっている。彼らは何か説明できないことが起これば、「フレッドの幽霊」のせいにする。たとえば、何か物が消えたと思ったら、何度も探したはずの場所に出てくることがある。「フレッド」は間違いなく、いたずら好きでユーモア感覚を持っているようだ。資産管理人の友人たちがロンドンからスーターにはじめてやってきたときには、夕暮れに管理人の案内で一行が塔の上へ続くらせん階段を上っていると、女性のひとりが急に叫び声を上げて後ろを振り向き、自分のおしりをつねった誰かに抗議しようとした。しかし、そこには誰もいなかった。彼女はそれまでに灯台で起こった奇妙な出来事についてはまったく知らず、自分が幽霊におしりをつねられたと知ると、少し面くらっていた……

❖ ❖ ❖

SPEKE HALL
スピーク・ホール

❖リヴァプール

スピーク・ホールはイギリスでは最も有名なハーフティンバー様式の家のひとつで、やたらと多くの幽霊がいるらしい。エリザベス朝時代の石橋がかかる、現在は草地になった堀に囲まれたスピークの歴史は、一五世紀後半に始まる。一五三〇年代にサー・ウィリアム・ノリスが一九人の子どもたちと一緒に暮らすためにホールを大幅に拡張し、一七九五年にはリチャード・ワットが買い取って、一九四三年にナショナル・トラストに寄贈するまで彼の一族が所有していた。

黒と白の壮麗なハーフティンバー様式のファサードの奥には、数世紀分の歴史を感じさせる魅力的な内装の建物が広がる。大広間や「司祭の穴」［反カトリックの時代に司祭をかくまっていた秘密部屋］はチューダー朝時代の面影を残している。その一方で、樫材の客間や、一部に

▶スピーク・ホールの「緑の寝室」の装飾彫刻が施されたベッド。

はウィリアム・モリスの壁紙を使用した小さめの居室を見ると、ヴィクトリア朝時代の人々がプライバシーと居心地のよさを希求していたことがわかる。ジャコビアン様式の見事な漆喰《しっくい》仕上げや複雑な彫刻が施された家具もある。そして、道具が完璧にそろったヴィクトリア朝時代のキッチンと使用人の部屋は、見学者に当時の生活の「舞台裏」をのぞかせてくれる。

二〇世紀前半に、ここに住む家族に仕える家政婦《ハウスキーパー》が次々と交代するということがあった。全員が急いで去っていくのだが――その理由は話そうとしなかった。彼女たちはいずれものちに「家政婦部屋」となる「レディーズ・メイドの部屋」に滞在していた。使用人の部屋が並ぶ東側の廊下の南端にある、この家の最も古い一画に位置した部屋だ。現在、この部屋はスタッフの宿泊部屋として使われ、一般には公開されていない。

「幽霊部屋」とも呼ばれる「タペストリーの部屋」は、北側の正面入口の上にあり、スピークに暮らした家族の最後のひとりになったワット嬢の寝室だった。壁はタペストリーで覆われ、暖炉の右側にかかる一枚の下には収納庫のドアがあった。このドアには小さな取っ手があり、下の階の小晩餐室横の保存庫に通じていた。こうすることで家からの脱出ルートを確保していたのである。この部屋は冬季の「舞台裏」ツアーの一部として見ることがで

「……伝説によれば、レディ・メアリーは
悲しみと怒りでわれを忘れ、
まだ幼い息子をゆりかごから抱き上げると
窓から下の堀に投げ捨て……」

きる。

タペストリーの部屋にはレディ・メアリーの幽霊がとりついているといわれるが、それを立証するのはむずかしい。メアリー・ノリスは一七三一年におじからスピーク・ホールを相続したことで、野心的な独身男性たちにとって理想的な求婚相手となる。その五年後、彼女は評判の悪いシドニー・ボークラーク卿と結婚した。ボークラークは、国王チャールズ二世とネル・グウィンの間の非嫡出子であるセント・オールバンズ公爵の五番目の息子だった。「役立たずのシドニー」というあだ名のとおり、彼はぜいたく三昧と不品行な生活を好み、それが高じるあまり、やがて家族の財産をすっかり使い果たし、スピークの妻の元に戻って、自分たちには破滅と屈辱が待ち構えていると告げなければならなくなった。伝説によれば、レディ・メアリーは悲しみと怒りでわれを忘れ、まだ幼い息子をゆりかごから抱き上げると窓から下の堀に投げ捨て、自分は大広間まで降りて自殺したという。しかし、この物語はなかなかドラマチックではあるが、事実とは符合しない。メアリーは夫より二〇年以上も長生きして一七六六年に安らかな死を迎え、ひとり息子も一七八一年まで生きたからだ。したがって、この伝説は悪意による誇張から生まれたものとも考えられる。「役立たずのシドニー」には敵がいて、その子孫がシドニーの自堕落な振る舞いを吹聴して評判を汚そうとしたのかもしれない。

それでも、スピークには古くから幽霊の言い伝えが途絶えたことがない。幽霊にとりつかれた部屋があり、白い服を着た女性が現れるという話は、一世紀以上前から語られてきた。そのひとつは、ワッツ嬢が開いた晩餐会に幽霊が現れたというもので、その幽霊は客たちに話しかけ、壁を通り抜けて消えていった。

スタッフも、スピークには何らかの幽霊がいると信じている。ひとりのスタッフはこう話す。「幽霊はそれほど活発ではなく、穏やかに見えます。奇妙なことは確かに時々起こりますよ——誰もいない廊下で足音がしたり、誰もいない部屋から声が聞こえたり」

❖　❖　❖

SPRINGHILL
スプリングヒル

❖カウンティ・ロンドンデリー

一七世紀の「プランテーション」「ここではアイルランドの没収地へのイングランド人の移民をさす」風の建築で趣があるスプリングヒルは、かつては「アルスターで最も美しい家」と呼ばれていた。三〇〇年近くの間、ここにはレノックス＝カニンガム一族が暮らしていた。

一家の幽霊はこの家族に起こった悲劇がもとで姿を現すようになった。一八一六年、ジョージ・レノックス＝カニンガムは、うつ病の持病に屈して自殺し、残された彼の二番目の妻オリヴィアは、子どもたちをひとりで育てなければならなくなった。彼女は悲しみに取り乱し、夫の死を防げなかったことに罪の意識を感じていた。今日に至るまでこの家をさまよい続けているのは彼女の幽霊とされる。

この悲しい物語にもかかわらず、スタッフはこの家にはとても温かく和やかな雰囲気があり、オリヴィアは無害な幽霊だと感じている。もっとも、彼女が閉じたドアを通り抜けながら歩いているのを見るとどきっとさせられる。六人の子どもを育て上げたためか、彼女は子どもたちがとくに好きらしく、一族の言い伝えによれば、その家に住む最も年の若い者たちのところに現れる。

オリヴィアの幽霊とともに波長の合う人たちがいるらしい。幽霊にはめずらしいことだ

▼植民者《プランター》の館、スプリングヒル。のどかで家庭的な雰囲気は、オリヴィア・レノックス＝カニンガムの幽霊にも反映されている。

「……父親がちらっと
玄関ホールのほうを
振り返ると、
オリヴィアが
階段の途中に立って
彼を見つめていた。
やはり着ているのは
暗い色のドレスで、
髪はまとめて
シニョンに
していた……」

が、彼女が現れるのはたいてい昼間のうちで、誰もが彼女のことを黒い服を着た背の高い「きまじめ」そうな女性で、濃い色の髪をおだんご《シニヨン》にまとめている、と表現する。オリヴィアの出現に驚かされたある目撃者は、電話で話しているときに、彼女がロビーを通り抜けて銃器部屋に入るのを見た。この部屋の先には彼女が寝室に使っていた部屋がある。別のときには、同じ目撃者が二階で別の電話を使っているときに、「古風なドレス」を着た女性が横を通り過ぎるのを目にした。おそらく最近ではとくにドラマチックな出現となったのが、二〇〇三年八月のことで、滞在していたある家族が出発する準備をしていたときだった。彼らがまさに出かけようとしているときに、父親がちらっと玄関ホールのほうを振り返ると、オリヴィアが階段の途中に立って彼を見つめていた。やはり着ているのは暗い色のドレスで、髪はまとめてシニヨンにしていた。

　オリヴィアはいつも穏やかで、人に危害を加えることはないが、彼女に子どもが生まれるたびに使っていた木製の幼児用ベッドについては奇妙な話がある。第二次世界大戦中、スプリングヒルに米軍の兵士が駐屯していたことがある。彼らは夜中に子ども部屋のドアのほうから大きな物音が聞こえてくるので気味が悪くなった。彼らからベッドを片付けてほしいと頼まれたので、一時的にアーマー博物館に貸し出されることになった。物音は止まったが、戦争が終わってベッドが返却されると、夜中のノックの音はまた新たな力を得て再開されたという。

❖　❖　❖

セント・マイケルズ・マウント

ST MICHAEL'S MOUNT

❖コーンウォール

セント・マイケルズ・マウントは花崗岩の小島で、平らな砂浜の上に――あるいは、潮が満ちればマウンツ湾の水の上に、すっくと姿を現し、鮮烈な印象を与える。古代にまでさかのぼる歴史を持つ、謎めいて幻想的なこの場所には、聖人や兵士、巡礼者、海賊などの豊かな物語が生まれてきた。伝説によれば、西暦四九五年に大天使ミカエルがこの近くの漁師のもとに現れ、危険な岩礁から離れるように警告した。それがきっかけで修道院が建設され、巡礼の地となったといわれる。

一二世紀にはノルマンディー地方のモン・サン・ミッシェル――コーンウォールのものと驚くほどよく似た名前を持つ――の修道院長が、この島にベネディクト会の小修道院を建てた。高さ七〇メートルの岩山の頂に立つ城は、長い歴史の間にたびたび手を加えられてきた。石造部分の一部は最初の小修道院までさかのぼることができるが、南東の棟はセント・オービン家の従兄弟が一八七〇年代に建てたものだ。セント・オービン家は一六五九年に島を買い取り、一族の子孫は今もこの城に暮らしている。

マウントはコーンウォールの巨人コーモランと「巨人殺しのジャック」の伝説とも結びつけられてきた。「ジャックと豆の木」の童話と不思議なほどよく似た話で、この伝説によれば、マウントは巨人コーモランによって造られたもので、彼は地元住民に恐れられ、忌み嫌われていた。というのも、たびたび本土を襲っては家畜を盗んでいたからだ。ある夜、

……この伝説によれば、マウントは巨人コーモランによって造られたもので、
彼は地元住民に恐れられ、忌み嫌われていた。
というのも、たびたび本土を襲っては家畜を盗んでいたからだ……

12世紀のセント・マイケルズ・マウントの城を望むパノラマ。

ジャックという勇敢な若者がマウントまで船で渡り、巨人が眠っている間に丘の斜面に深い落とし穴を掘った。夜が明けて、ジャックの吹く角笛で目を覚ました巨人は、太陽の光で目がくらみ斜面を全速力で駆け下りる途中で、落とし穴にはまって死んでしまった。現在の丘の斜面にある井戸は、マウントを訪れた子どもたちには「巨人殺しのジャック」が掘った穴として説明されている。

❖ ❖ ❖

ストーンヘンジ・ダウン
STONEHENGE DOWN

❖ウィルトシャー

巨大で神秘的なストーンヘンジは、ローマ人がやってきたときにはすでに古代の遺跡だった。現在、ストーンヘンジ本体はイングリッシュ・ヘリテージ［イングランドの歴史的遺産を保護する組織で政府の助成を受けている］の管理下にあるが、周囲の九〇〇ヘクタールに及ぶ丘陵地と農地はナショナルトラストが管理している。埋葬塚とされる青銅器時代の塚群《バロー》と、古代の葬列の通り道と考えられている「アヴェニュー」や「カーサス」［ストーンヘンジ北側にある二本の平行な溝］を保護するためである。

説明のつかない数々の現象は、遺跡全体で記録されてきた。そのひとつは一九七一年八月にさかのぼる話で、ストーンヘンジが完全に一般公開されていたころのものだ（現在は遺跡を損傷から守るため、立ち入りが制限されている）。ヒッピーのグループがストーンサークルの真ん中でキャンプをしようとテントを張り、たき火をたいた。ところが午前二時ごろから激しい雷雨になり、嵐がピークに達したころ、青い光がストーンを不気味に照らしているのを農夫と警官のふたりが目撃して震え上がった。あまりの明るさに目を逸らさなければならないほどだったという。ふたりとも、キャンプをしていた若者たちが叫び声を上げるのを聞いて、誰かが雷に打たれてけがをしたのではないかと思い、それぞれに巨石遺跡へと駆けつけた。しかし、行ってみると、間に合わせのキャンプはもぬけの殻だった。残っているのは火を燃やした跡と、くすぶっているテントの杭だけだ。ヒッピーたちは跡形もなく消えてしまった、とその話は伝える。

周囲の風景にまつわる不思議な物語もたくさんある。近くのキング・バロー・リッジに住み込みで働いているスタッフは、時折、青い閃光が古墳全体に弧を描き、それと同時に付近が停電するという怪現象を説明できずに困惑している。このあたりには相当な数の塚があり、ぽつんと孤立しているものもあれば、グループにまとまっているものもある。農

「巨石群よ！　誇らしげに秘密を暗示しつつ、同時にそれを守り通す
平原に立ち、吹き荒れる嵐に共鳴しつつ、その音に耳を傾ける
寂しき自然の、無限の歳月にとらわれた石たちよ
たとえ数多の人間が巨大な人型に生きながら詰め込まれる
古代の生贄の儀式をまのあたりにしても
重苦しい心の痛みにうめき声を上げてきた者は
その顔が苦痛にゆがむより早く
嵐から身を守ろうとする者よりも
この地で心の平安を得るだろう」

——ウィリアム・ワーズワース、「罪と悲しみ、またはソールズベリー平原の出来事」第一四節

世界的に有名なストーンヘンジは、何世紀もの間、巨大な霊的パワーを持つ場所として崇められてきた。

地の上に堂々と目立っているものもいくつかはあるが、それ以外は森の中に半ば隠れ、散策者に人気がある。

一九五〇年代から伝わる興味深い物語がひとつある。ある秋の晩、地元の男性がキング・バロー・リッジ近くの森の中を塚に沿って歩いていた。日が暮れてあたりが暗くなり、方向がわからなくなった彼は、塚の上に登り、遠くに光が見えるのを確認した。それが家か道路かはわからないが、方向感覚を取り戻す助けになる目印だと思い、塚を下りてその方向に進もうとすると——光が彼のいるほうに向かって動いていることに気がついた。電灯と思ったのは、実際には燃えているたいまつだったのだろう、と彼は考えた。きっと現代のドルイドのグループがそのたいまつを手にして、何か異教の儀式に参加しているに違いない。ドルイドたちに見つかりたくないので、彼は行列が通り過ぎるまで木の後ろに隠れていた。そして、こっそり行列の後を追った。彼らについていけば大きな道に連れていってもらえると思ったのだ。のちに彼が語ったところによると、列をつくって進む人たちはフードらしきものをかぶり、音もなく歩いていた。

行列が森の端まで進み、ようやく道がわかってほっとした男性は——彼らのじゃまをすることを恐れて、ずっと自分の存在を気づかれないようにしていた——近道を通って見覚えのある道に出たところで、好奇心にかられて後ろを振り返ってみた。するとたいまつがひとつひとつ消えていき、人影も跡形もなく消えていくではないか。彼は恐怖に襲われた。彼が目にしたものが何であれ、沈黙の行列に参加していたのは血と肉を持つ人間ではなかった。

調べてみたところ、キング・バロー周辺の森の端は「アヴェニュー」の一部で、ストーンヘンジへ向かう行列の通り道だった。青銅器時代の人々がもっと古い時代からあるストーンヘンジを神聖な力が宿る場所と考え、その場所を代々の国王の埋葬場所として選んだ可能性は高い。したがって、道に迷った散策者はおそらく何も知らずに数千年前の葬列の後をついていってしまったのだろう。

❖　❖　❖

STOURHEAD
ストアヘッド
❖ウィルトシャー

ストアヘッドの壮大な風景式庭園《ランドスケープ・ガーデン》は、銀行家のヘンリー・ホーア二世が一七四一年から一七八〇年の間に造り上げたもので、湖、古典様式の神殿、石橋、滝、茅葺《かやぶ》き屋根のコテージ、洞窟など、さまざまな眺めを楽しめる。しかし、ストアヘッドにまつわる幽霊話は、この地所のもっと平凡な場所が出所となっている。スプレッド・イーグル・イン［居酒屋兼宿屋］があるのと同じ中庭の、おそらく馬具収納庫として使われていた建物にある教育ルームがその場所だ。裏手には一四世紀建造のセントピーター教会の墓地があり、窓はメモリアルホールに向いている。

教育ルームは、以前はストアヘッド付属の売店だった。当時の売店のスタッフからは幽霊を見た話は報告されていない。おそらく、ショップが開いているのは昼間だけで、スタッフがひとりだけで働くこともめったになかったからだろう。その後、売店はもっと広い部屋に移され、この二階建ての建物は学校のグループや家族連れに向けたイベントに使える大きな部屋に改装された。一階のスペースはガラス扉でさらに仕切られ、片側は小さなキッチン、もう片側には教室が作られた。

雪の積もった樹木越しに、セントピーター教区教会を見下ろす。

「……暗くなってから
彼女がひとりで部屋に入ると、
すぐに肌がじっとりとして、
髪の毛が逆立つ……」

ストアヘッドの教育コーディネーターもこの改装作業に参加していたのだが、作業が進むにつれ奇妙な感覚に襲われるようになった。昼間は何もおかしなことは起こらないのだが、暗くなってから彼女がひとりで部屋に入ると、すぐに肌がじっとりとして、髪の毛が逆立つ。あるとき、まだ部屋の中には家具がまったく入っていなかったのに、中で物が落ちる大きな音がして、部屋中が振動したような気がした。その建物の鍵を持っているのは彼女だけだったのだが、ドアの鍵を開けて中に入り、荷物を出し入れしていると、まだ作業が終わっていないのに、開けたはずのドアに鍵がかかっているということがよくあった。物は動いたり忽然《こつぜん》と消えうせたかと思えば、数日後に最も思いもよらないような場所に再び現れる。メイン・ルームの電灯のひとつが、何度も繰り返し消えてしまう。調べてみても、照明器具にも電源にも何も問題はなかった。

教育ルームは二〇〇三年三月にオープンし、昼間は学校のグループやその他の団体が利用していた。ある晩、教育コーディネーターが部屋の中に入ると、髪の毛が逆立つ、忘れもしないあの感覚にまた襲われ、氷のように冷たい空気を感じた。すると、灰色の人影が後ろの壁から浮き上がり、ゆっくりと床の上を進んで窓を通り抜けて中庭に消えていくではないか。彼女は呆然と見つめるだけだった。それは人間のような形をしていたが、ぼんやりしていて男性か女性かまではわからなかった。幽霊が現れた壁の向こうには墓地がある。実のところ、教育ルームの一階の床の高さは、教会の中庭の地面よりも一メートルほど低い。意外に思われるかもしれないが、教育コーディネーターは、この思いもしない幽霊の出現にも恐怖を感じることはなかったという。彼女は「怖いと感じることはありません。相手が何であっても」と話す。

❖　❖　❖

STOWE LANDSCAPE GARDENS
ストウ・ランドスケープ・ガーデンズ

❖バッキンガムシャー

ヨーロッパでもとくに影響力が大きいこの風景式庭園は、一八世紀から現代に至るまで、多くの作家、思想家、芸術家、政治家にインスピレーションを与えてきた。一〇〇ヘクタールの庭、湖、樹木の生い茂った谷など、造園家の手で造り出された景色の中心にあるのがストウ・ハウスで、現在はストウ・スクール［寄宿学校］になっている。敷地内には三〇以上の神殿や建造物があり、その中には陰惨な事故の現場となり、幽霊話を生み出したパラディオ様式の橋もある。

一七三〇年代末にジェームズ・ギブズが建てた屋根つきの橋は、ベルゲートの入口からストウ・ハウスに向かう馬車のためのメインルートにすることを意図したものだった。しかし、橋の幅は狭く、屋根は地面から二・五メートルほどの高さしかなかったため、ここを通るのは容易ではなかった。今もここを訪れる見学者は車が石をこすった欠け傷や溝を目にすることができる。あるとき、ストウに馬車でやってきた貴婦人が、橋に近づいているのに御者があまりに馬を速く走らせていることに気づき、不安にかられた。彼女はもっ

▶ストウ庭園の優雅なパラディオ様式の橋は、かつて陰惨な事故が起こった場所で、それにまつわる幽霊話もある。

と速度を落とすように叫んだが、御者に婦人が何を言っているのかを聞き取れない。もっとよく聞こうと御者が体を乗り出した瞬間、馬車は橋に激突した。気の毒なことに、御者は即死だった。領地の使用人たちがあわてて現場に駆けつけ、なんとか馬の興奮を鎮めて、ショックを受けている女性客を救出した。

一九四〇年代半ばのことだが、いつも冷静なことで知られるストウ・スクールのふたりの寮母が、夕暮れにパラディオ様式の橋を見下ろすホークウェル・フィールドを散歩していた。突然、ふたりとも不吉な気配を感じてパニックに陥り、そうこうするうちに薄暗がりの中を、一八世紀の服を着たふたりの人物が、何かにひどく驚き、動揺した様子で橋の方へ駆け寄って行くのが見えた。人影は現れたときと同じく唐突に消えてしまった。何が起こったのかわけもわからず学校に戻った寮母ふたりは、二世紀以上前に橋で起こった惨事について聞かされた。

❖　❖　❖

サットン・ハウス
SUTTON HOUSE

❖ロンドン

イーストロンドンのハックニー地区の中心にあるこのチューダー朝様式の建物では、ナイトライフも活発らしい。長い白い服を着た女性の幽霊を見たという報告が寄せられているのだ。最初の目撃者は、一九七〇年から一九八二年までサットン・ハウスで活動していた労働組合の役員のひとりだった。ある朝早く、その役員が仕事に来ると、現在はショップになっている部屋のドアを白い服の女性が滑るように通り抜けていくのが目に入った。一役員は外に出て、何かご用ですか、と尋ねようと思ったが、そこには誰もいなかった。

「……最近やってきた管理責任者も、この"青い婦人《ブルー・レディ》"に遭遇している。あるとき目覚めると、青い婦人が彼のベッドを激しく揺らしていた……」

九八〇年代後半には、誕生パーティーに集まった友人グループがカフェバーの前で写真を撮り、フィルムを現像してみると、腕を伸ばした白い人影が彼らの前に立っていた。

　夜になると、サットン・ハウスの中から犬たちの悲しげな鳴き声が聞こえてくる。これは、ジョン・メイチェルの飼っていた犬だと考えられている。メイチェルは一五五〇年から五八年までサットン・ハウスに住んでいた裕福な羊毛商人で、毛織物業の同業団体《クロスワーカーズ・カンパニー》で会長《マスター》を務めた。サットンの「リトル・チェンバー」の暖炉に飾られた紋章に、犬たちの姿を見ることができる。サットン・ハウスに連れてこられた犬たちは、階段の下で立ち止まり、そこから先へは進むことができなくなるという。ジョン・メイチェルの後を継いだ、やはりジョンという名の息子は、この家に一六〇五年まで暮らし、彼の妻のフランシスは一五七四年に双子を出産している最中に死亡した。白い服の女性はこのフランシスが子どもたちを探しているのだとも考えられている。

　サットン・ハウスは一九九〇年代初めに修復されたが、ある夜、ハウスに住んで建築を学んでいた学生が、現在は展示室になっている部屋でふと目を覚ますと、青い服を着た女性が彼のベッドの上に浮かんでいた。最近やってきた管理責任者も、この「青い婦人《ブルー・レディ》」に遭遇している。あるとき目覚めると、青い婦人が彼のベッドを激しく揺らしていた。これは、一七五〇年にここで死亡したメアリー・トゥックの幽霊かもしれない。
この目撃談のすぐ後に、地元の降霊術者たちがこの家で交霊会を開いた。彼らはこの家には多くの霊がいると言い、ほとんどは無害な霊だが、ティムとジョージと呼ばれるふたりだけは例外で、互いに対して強い敵意を抱いているようだと話した。このとき偶然にも、マイク・グレイという地元の歴史家がサットン・ハウスに関する公的記録を調べていて、交霊会のほんの数日前にある発見をしていた（ただし、そのことはまだ誰にも話していなかった）。サットン・ハウスは一七五二年にふたつの部分に分けられ、半分はティモシー［ティム］・レイヴンヒルに、もう片方はジョージ・ガレットに貸し出されていた。実際に、彼らが一七五二年に新しく分割された不動産に対して最初に地方税を支払った記録がある。ふたりはどちらも絹織物商人で、フランスのユグノーと呼ばれるプロテスタントに属した。サットン・ハウスには時代を超えて大勢のユグノーの人たちが住んできた。降霊術者たちによれば、ティモシーとジョージは折り合いが悪くて口論が絶えなかったらしく、お互いのことを「地獄からやってきた隣人」とみなしていたのかもしれない。

おそらく、スタッフやボランティアが時々家の中で経験するポルターガイスト的な現象、たとえば部屋の温度が急に下がる、飾り棚の戸が勝手に開く、蠟燭や掲示板がひとりでに部屋の中を飛び交うといった現象は、ティムとジョージの間のいつまでも消えない確執が引き起こしているものなのだろう。

❖　❖　❖

TREASURER'S HOUSE
トレジャラーズ・ハウス

❖ヨーク

ヨークはイギリスで最もよく幽霊が出る町の称号を与えられ、少なくも一四〇の幽霊が古都周辺のあちこちで記録されている。ヨークに通じるローマ時代の主街道の上に建てられたトレジャラーズ・ハウスは、『ギネスブック』でも「最も寿命の長い幽霊たち」がいる場所として取り上げられている。ここは二〇〇〇年以上前から建物が立っていた地所で、ヨーク大聖堂《ミンスター》の初代の出納係ラドルファスが居を定めたのが、一一〇〇年ごろのことだ。その家は一一三七年のヨークの大火で焼失したが、その後同じ場所に再建され、以前の建物の一部も組み込んだ。その後、一六世紀と一七世紀にかなり改築されている。

大勢の人がトレジャラーズ・ハウスの地下室で、ローマ軍人の幽霊を見たと報告してきた。おそらく最も有名な話は、ハリー・マーティンデールのものだろう。今は引退しているが、元警官のハリーは、一八歳のときに暖房技師の見習いになった。一九五三年に彼がトレジャラーズ・ハウスの地下室にセントラルヒーティングを設置していると、トランペットの音が聞こえ、それまで作業をしていたまさにその壁から、兵士のヘルメットの上部が現れた。彼ははしごから飛び降りて地下室の隅に逃げ込み、トランペット吹きが壁を通り抜けて出現し、地下室を行進し、反対の壁へと消えていくのを信じられない思いで見つめていた。その後には一頭の馬がとぼとぼと付き従い、さらに二〇人ほどの兵士が二列に並んで歩いてきた。不思議なことに、彼らはみなハリーが立っている床より低い位置を歩いているように見えた。トランペットの音は、兵士たちが槍と丸い楯と短剣を持って、若い技師のそばを通り過ぎるまで続いた。ハリーによれば、兵士たちは疲れ切り、服は乱れ、汚れていたという。ハリーが階段を駆け上り、博物館の学芸員のところに走っていくと、学芸員はこう言った。「その顔からすると、ローマ人を見たようだね?」

ハリーのこの経験後、兵士の見かけや武具の細部について、さまざまな議論が巻き起こった。当時は、ローマの歩兵は円形ではなく長方形の楯を使っていたと信じられていたからだ。しかし、その後の研究で、四世紀にヨークから第六軍が撤退した後、交代でやってきた補助部隊は確かに特徴的な円形の楯を使っていたことがわかった。

ローマ軍兵士の幽霊を見たのはハリーだけではない。第二次世界大戦の終戦直後に、当時の学芸員が同じような経験をした。一九三〇年代にはアメリカ人の学者のもとにも兵士たちが現れている。一九二〇年代にこの家が個人の所有であったときに、家主のフランク・グリーンが仮装パーティーを開いたことがあった。客の女性のひとりが地下室へ行くと、ローマの兵士の格好をした男性が廊下に槍を斜めに立てかけて、彼女の通り道をふさいだ。彼女はこのちょっとしたやりとりを楽しんだのだが……あとで客の中にはローマ兵士の仮装をした者は誰もいなかったと知ったときには、楽しい気分はどこかへ行ってしまった。

興味深いことに、考古学発掘調査によって、デクマナ街道と呼ばれるローマの街道がヨークの北東の門から軍隊の本部まで続き、その道はトレジャラーズ・ハウスの地下室の床より四五センチほど低い位置にあったことがわかった。ハリーがセントラルヒーティングを取り付けようとしていた時代までには、すでに発掘作業で溝が掘り起こされていたので、兵士たちが通ったときに、彼らのサンダル履きの足を見ることができたというわけだ。ハリーは彼らの脚がひざの上のところで切断されているように見えた、とも言っている。不思議なことに、この疲れてだらしのない格好をした兵士たちが歩いていたのは、兵舎に向かうのではなく、逆に離れていくルートだった。彼らは小戦闘で大敗を喫して逃走してきたのに、別の方向から襲撃してくる敵との戦いに再び駆り出されたのだろうか？　そして、

「……彼ははしごから飛び降りて地下室の隅に逃げ込み、
トランペット吹きが壁を通り抜け、地下室を行進し、
反対の壁へと消えていくのを信じられない思いで見つめていた……」

ローマ時代の街道の上に立つトレジャラーズ・ハウスでは、
ローマの兵士たちの幽霊が今も道路を行進しているとうわさされる。

この話は痕跡もなく消えた有名な「消えた軍団」（ローマ第九軍団）と何か関係があるのだろうか？

❖ ❖ ❖

UPPARK
アップパーク
❖ウェストサセックス

アップパークは一七世紀末建造の美しい邸宅で、ソレント海峡を一望するサウスダウンズの丘の上に立つ。ここにはフェザーストンホー家の人々が集めた絵画、家具、織物の貴重なコレクションが収蔵され、周囲の魅力的な風景もまたこの邸宅をよく引き立てている。

アップパークは啓蒙主義の時代［一八世紀］から魔法のように生き残ってきた地所で、自然と芸術と建築を融合させようという試みが見事に達成されている。家屋は一九八九年の火事で大きく損傷を負ったものの以前の姿に忠実に修復された。このような摩訶不思議な場所にふさわしく、ここには多くの幽霊話が伝えられる。最近、ある建築史家がキューバの歴史家にアップパークを見せて回っていると、歴史家が地下でふたりの女性の幽霊を見た。「彼は女性のドレスの柄まで正確に言うことができました」と、建築史家は報告している。「残りの私たちには女性の姿は見えませんでしたが、彼は帰りの車の中で押し黙っていました」

「赤の応接間《レッド・ドローイング・ルーム》」には、サー・ハリー・フェザーストンホー（一七五四〜一八四六年）の幽霊がいるらしい。彼が若いころにグランドツアーに出たころの肖像画が暖炉の上にかかっている。イタリア人画家のポンペオ・バトーニが描いたものだ。サー・ハリーは魅力的な人物で、その波乱万丈の長い人生の間に、エマ・ハートとの情事を楽しみ（エマ・ハートはその後エマ・ハミルトンとなり、ホレーショ・ネルソン提督の愛人にもなる）、摂政王太子（のちのジョージ四世）の親し

◀一六九〇年ごろにワークのグレイ卿フォードが建てたアップパークは、放蕩者ハリー・フェザーストンホーの家だった。

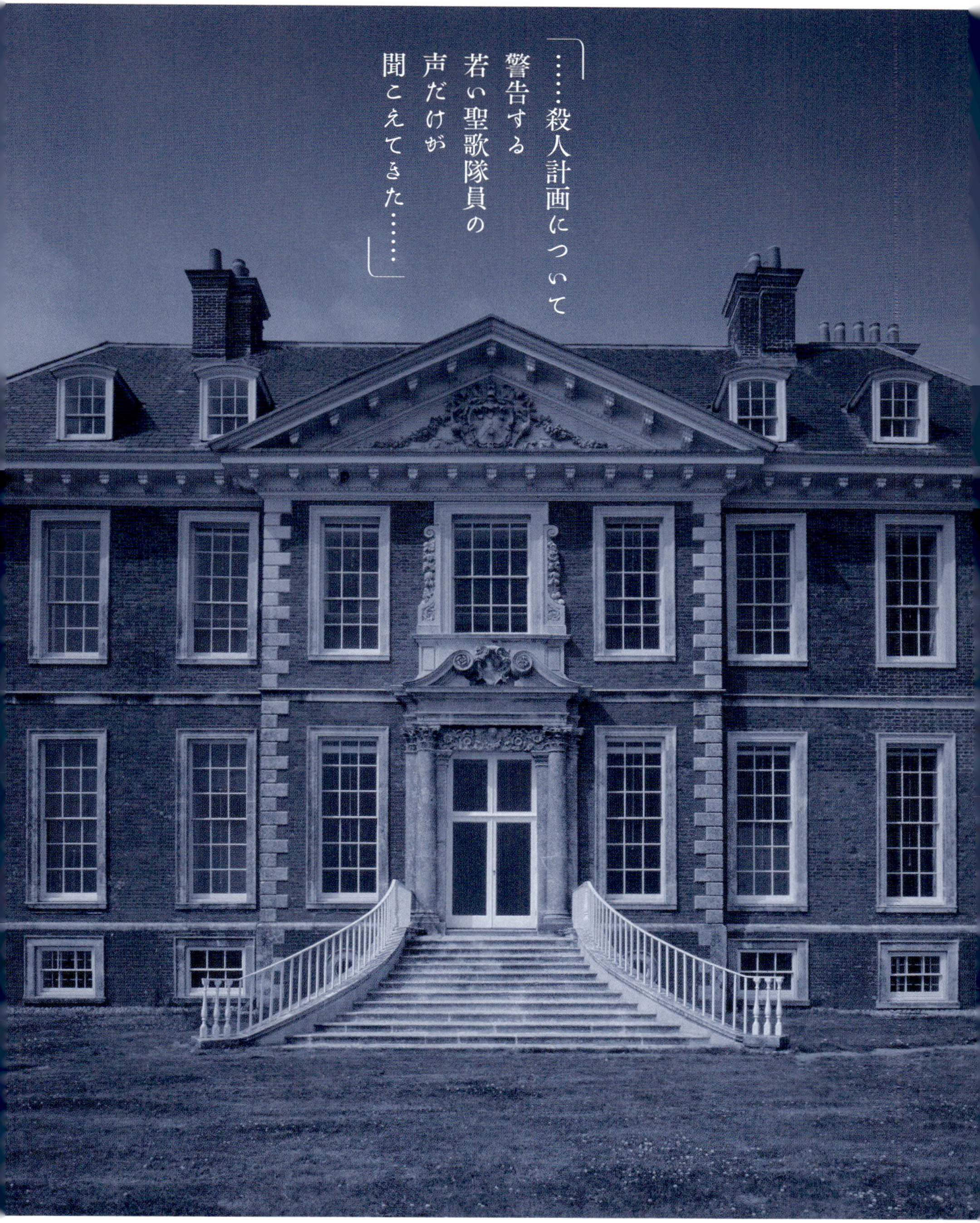
……殺人計画について
警告する
若い聖歌隊員の
声だけが
聞こえてきた……

い友人となり、七〇歳を過ぎてから自分の酪農場で働くデイリー・メイド［搾乳や乳製品づくりを専門に行うメイド］のメアリー・アン・バロックと結婚した。サー・ハリーはこの部屋のレイアウトには非常にこだわりが強いらしい。暖炉前のついたてをいつもと違う位置に置いておくと、裏返しになっていたり、家の中にほかに誰もいないときに部屋の中で物音が聞こえたりすることがあり、スタッフをとまどわせている。

サー・ハリーは地元では有名な、領地内の狩猟用ロッジにまつわる幽霊物語とも結びつけられている。一九世紀初め、セントメアリー教会で家族の結婚式が開かれることになり、新しく完成した狩猟用ロッジが結婚披露宴《ウエディング・ブレックファスト》の場所として選ばれた。摂政皇太子を含め、大勢の貴族が招待客として集まる予定になっていた。結婚式の前夜、聖歌隊が狩猟用ロッジで最後の練習を終えて解散し、ほかの全員が帰った後、ひとり残っていた少年が物陰で数人の男たちが殺人の計画を立てている話し声を耳にした。計画の詳細はあいまいで、摂政王太子の命をねらったものだったと考える人もいれば、サー・ハリーが彼の領地の労働者を大勢クビにしたことに対する復讐計画だったと考える人もいる。聖歌隊の少年は男たちに見つかって、誰にも警告できないように殺されて、彼の死体は丘陵地帯《ダウンズ》に埋められた。

翌朝、結婚式を執り行うために教区牧師が教会の準備をしていると、誰の姿もないのに、殺人計画について警告する若い聖歌隊員の声だけが聞こえてきた。牧師からそれを知らされたサー・ハリーは、人を集めて狩猟用ロッジの納屋へ向かい、そこで陰謀を企んだ男たちを見つけて捕えた。その中のひとりが泣き崩れ、計画の全容を白状した——どうやら、部屋の隅にいる見えない何者かの力によって真実を告げるように重圧をかけられたようだ。陰謀を企てた者たちは殺人の罪で絞首刑になり、その後、少年の死体が丘陵で見つかり、セントメアリー教会の墓地に埋められた。しかし、地元の人々によれば、今も古い狩猟用ロッジの窓に光が見え、さわやかな花の香りが漂うなか、澄み切った少年の歌声が聞こえてくるという。

❖　❖　❖

UPTON HOUSE
アプトン・ハウス
❖ウォリックシャー

地元産のやわらかい石を使って一六九五年に建てられたアプトン・ハウスには、見事な絵画のコレクションとすばらしいテラス式庭園に加えて、謎めいた幽霊がいる。見えない侵入者が床を踏み鳴らし、ドアはばたんと閉まり、物はがたがた揺れるが、それでもこの夜の物音は高性能の警報システムを作動させることはない。

この美しい場所で働くスタッフは、「公式には、この家にまつわる幽霊の話はありません」と言うが、この家に住んでいる間に経験した奇妙な出来事については話さずにはいられないようだ。

現在の資産管理人と彼の妻は、一度、真夜中に彼らの居住区画の下の階から聞こえてくるどすんどすんという足音、ばたんと乱暴にドアを閉める音で目を覚ました。下の階は以前には内部のドアでつながる三つの部屋が並んでいたが、一九二七年に仕切りを取り払い、ひとつのギャラリーにしていたので、夫婦が閉まる音を聞いたドアは、実際には八〇年近く前になくなっていた。言うまでもなく、調べてみても何も普段と違うことはなかった——ただ、夫婦が飛び起きるほどの大きな物音がしたのに、いつもは完璧に作動する警報が鳴ることはなかった。

「あの部屋に入ると、
少しでも早く
立ち去りたいという
気分になる」

これまでにナショナル・トラストが管理する多くの歴史的建造物で働き、暮らしてきた資産管理人によれば、「フランス風の部屋」には、〝恐ろしい雰囲気〟がある。この部屋は建物の一番古い部分にあり、建物の大部分は一七世紀後半のものだが、ここの基礎部には中世後期の建築材も使われている。資産管理人は言葉を濁すことなく、「あの部屋に入ると、少しでも早く立ち去りたいという気分になる」と話す。

アプトンでの生活を混乱させるのは奇妙な物音だけではない。スタッフは強いたばこの匂いがすることにも気づいている。ときにはあまりに強く、一度ならず見学者が火事が起こっているのではないかと思ったほどだ。時間をかけてくまなく調べてみても、火の兆候は見つからず、やはり高性能の警報システムが作動することはなかった。スタッフはこうした奇妙な現象の原因を突き止められずにいる。

❖　❖　❖

ワシントン・オールド・ホール
WASHINGTON OLD HALL
❖タイン・アンド・ウィア

ワシントン・オールド・ホールは一七世紀の美しい石造りのマナーハウスで、ジョージ・ワシントンの直系の祖先が暮らした中世の家の一部を組み込んでいる。ワシントンという苗字はこの場所に由来する。

ホールは古くから白い服の女性の幽霊が出ることで有名で、二〇世紀初めに借家として貸されていた間にここに住んだ家族がしばしば目撃していた。彼女は両手を固く握り合わせているというが、このしぐさの理由を説明しようとはしない。もっと最近になってからも見学者が「長い灰色のドレスを着た女性」が二階の廊下にいるのを目にして、スタッフに

▼ワシントン・ハウスを見守る鷲の石像。

「……ホールで最近結婚式が開かれた後、
小さい女の子がひとりで階段を上って一番上の段に座り、
何もない空間に向かっておしゃべりしていたことがあった。
誰と話しているのかと尋ねられると、その子は
〝ただの小さな女の子よ。びっくりしてただけ〟と答えた……」

誰なのか尋ねてくることがあった。ロマンチックな話や歴史が好きな人たちなら、この女性がワシントン家と直接関係がある人物だと信じたくなるかもしれないが、それではあまりに話が出来すぎだろう。今までのところ、この幽霊の出所あるいは正体は明らかになっていない。

　ホールに幽霊がとりついている可能性についてのスタッフの反応はさまざまだ。「何かがぶつかる音や、ラベンダーの香り」がすると報告する者もいれば、女性の姿をもっと細かく表現する見学者の話を聞いた者もいる。子どもが階段で泣いていたという話もある。最近、ホールで結婚式が開かれた後、迷子になった小さい女の子が階段の一番上の段に座り、何もない空間に向かっておしゃべりしていたところを発見されたということがあった。誰と話しているのかと尋ねられると、その子は「ただの小さな女の子よ。びっくりしてただけ」と答えた。

　二〇〇四年に行われた一連の降霊実験の結果、階段にいる森番と階段の踊り場にいる子どもの幽霊の存在が報告された。降霊術者のひとりによれば、幽霊が誰であれ、その幽霊は大広間で時々行われる結婚式を見守るのがとくに好きらしい。実際に、この部屋で結婚

披露宴の撮影をしていたカメラマンが、フィルムを現像してみると、花嫁の頭の付近にはっきりした白いオーブが写っていたことがあった。

❖ ❖ ❖

ウィッケン・フェン
WICKEN FEN

❖ケンブリッジシャー

現在はナショナル・トラストの管理下にある、この二四〇ヘクタールの沼沢地《フェンランド》は、かつては四〇〇〇平方キロメートルもの広さがあったイースト・アングリア半島のグレートフェン湿地の名残だ。アシ、スゲ、密生した低木の茂みに三〇〇種を超える顕花植物が生育していることから、博物学者たちはここを西ヨーロッパでは最も重要な沼沢地のひとつと判断した。

ほとんど人の手が入ることのない自然環境にはありがちなことだが、ここでもやはり超常現象の話が数多く聞かれる。たとえば、何世紀も前から語り継がれてきた「ランタン男」の話がある。これは沼地や池の水面の上を動き回る説明できない光のことで、不用心な者たちを道に迷わせ、ぬかるんだアシ原で溺れさせようとしているのだといわれる。土地に不案内な人たちは、日が暮れて心細くなっても自分を勇気づけようと口笛を吹くのはやめるように警告される。ランタン男は口笛の音に引き寄せられると信じられているからだ。現実には、これらの奇妙な光は沼で生じるメタンガスによって引き起こされたものという可能性が高い。

ウィッケン・フェンの付近には、ずっと以前に死んだローマ軍の兵士たちの幽霊がいると伝えられ、ほんの一瞬姿を現して目撃者を驚かせたかと思うと、ふっと消えてしまうと

▶▼ケンブリッジシャーの荒涼とした沼沢地の風景は、ランタン男やローマ軍兵士の不気味な物語を生んできた。

……たとえば、
何世紀も前から
語り継がれてきた
〝ランタン男〟の
話がある。
これは沼地や池の
水面の上を動き回る
説明できない
光のことで……

いう。事実、かつてイギリスを占領した古代ローマ人は大事業に意欲的で、リンカーンシャーから沼沢地を通る運河を掘ることに成功したので、おそらく彼らが現れるのはこの古い輸送路と関係しているのだろう。

ダートムーアなど、めったに人が足を踏み入れることもない多くの原野にも共通していることだが、ウィッケン・フェンには大きな黒い犬の幽霊がいて、あたりを威嚇するように沼地をさまよっているという。

解説

本書はSîan Evans "*Ghosts: Mysterious Tales from the National Trust*"（二〇〇六年）の全訳である。翻訳を田口未和さんが担当し、固有名詞や専門用語を中心に村上リコが確認をおこなった。

英国人は幽霊や不思議なものを愛する国民性があるといわれ、かの国の歴史と幽霊をテーマにした本や、怪談・超常現象をまとめた本は、これまでに数限りなく刊行されている。なかでも本書が特別である点は、まえがきにおいて著者自身が述べているとおり、英国ナショナル・トラスト保護資産に対する調査プロジェクトを発端としていることにある。

英国ナショナル・トラストは、一八九五年、ロバート・ハンター、オクタヴィア・ヒル、ハードウィック・ローンズリーの三人が中心となって設立した。イングランド、ウェールズ、北アイルランドにおける、歴史的な建造物や自然の景観を保護する活動を、現在にいたるまで一〇〇年以上にわたって続けている慈善団体である。二〇一三年のデータによれば四〇〇万人に近い会員数を擁し、活動資金のうち多くを占めるのはこの会員からの会費だ。営利を追求する会社ではないが、国や政府の管理下にある公共団体でもない。「永遠に、すべての人びとのために」がキャッチフレーズである。資産の補修・保全・公開には数多くのボランティアが力をそそぎ、その場所に固有の歴史と過去の生活の痕跡を探究し続けている。

貴族の大邸宅から有名人の旧宅、古代の遺跡から海岸線まで、ナショナル・トラストが保護する対象物の種類は多岐にわたる。人里離れたアクセスの難しい場所に位置するものも多いが、レンタカーを使ったり、鉄道やバスの公共ルートにタクシーを組み合わせれば、短期間の旅行者であっても訪問は可能だ。「貴族のお屋敷だなんて、心の準備は？　正装して行かなくていいの？」などと聞かれることがあるが、入場料の用意さえあれば心配はいらない。海外からの訪問者専用の非常に格安な「ツーリング・パス」もある。

というより、ひとたび行ってしまえば、たいていの場合は歓迎を受けるだろう。団体の保護する―わたしたちの資産」を心から誇りにしているボランティアの管理者たちは、遠い日本から興味を抱いてはるばるやってきたと話したりすると、嬉々として詳しい説明をしてくれる。「幽霊はいますか」と聞けば、どんな物語が飛び出してきても不思議ではない。

わたしは英国のカントリー・ハウスとその歴史に惹かれ、一〇年前から毎年のように個人旅行をするようになった。特に一〇〇年ほど昔の家族と家事使用人がどのような暮らしを営んでいたのかということに強い関心を抱いている（本書と同じ著者シャーン・エヴァンズの『図説 メイドと執事の文化誌』(*Life Below Stairs*) を二〇一二年に翻訳したが、こちらもあわせておすすめしたい）。ナショナル・トラスト保有の邸宅はとりわけ過去の日常生活の再現度合とコンディションがよいので、いつも楽しみにしている。本書に登場する場所にも訪問してきた。「ベルトン・ハウス」のようにいかにもゴージャスできらきらした貴族らしい邸宅もあれば、「スピーク・ホール」のように重厚な木骨造りの領主屋敷もあった。「アップパーク」は小ぢんまりとして親密な空気を漂わせていたし、「スランエルファイロン」ではウェールズ語の読み方を丁寧に教えてもらった。どれもそれぞれに個性的で、それぞれに果てしのない秘密を隠し持っていそうであった。

二年前に「トレジャラーズ・ハウス」を訪ねたときには、本書でも触れられているローマ時代の地下室に降りていけるガイドツアーに参加した。胸を高鳴らせて細い通路をくだって行ったが、評判のローマ兵の霊に遭遇することはできなかった。あいにくとわたしには霊感というものがひとかけらもないらしく、幽霊に出会えたことはいままで一度もない。……と、思う。せっかくこの本では超常現象の宝庫だと紹介されているような場所に出かけているのに残念なことだ。

ただ、いつも車の運転をお願いしているわたしのパートナーは、古い屋敷に行くと、やはり姿は見ないものの何かしらの気配を察知することがあるという。

たとえば本書にも「一八世紀に殺人事件があった屋敷」として登場する「ベニンバラ・ホール」

でのこと。ここは使用人区画の再現にも力を入れており、洗濯室《ランドリー》には、展示用にさまざまな洗濯用具の他、シーツや服などが干されていた。彼の話によると、洗濯室に女性用の下着《ドロワーズ》が木製ラックに固定されているのを見つけ、「メイドさんのスカートの下が実際どうなっているのか興味を惹かれて」触ってみた。すると、屋敷から「何かがついてきた」感じがあり——その夜に泊まった宿で「金縛り」にあったという。ベッドの外に出ていた右手の手首のあたりを、「子どものように小さくて冷たい女性の手」でつかまれた。「そんなことをしてはいけませんよ」と、たしなめるようなつかみ方だった——らしい。

たしかに、あの夜に泊まった宿屋兼居酒屋のシャワールームで、スイッチに触れてもいないのに不規則に明かりがついたり消えたりして困惑したことはわたしも覚えている。よくよく思い返してみれば、それこそ本書に紹介されているような「原因不明で、説明できない」事態ではないか。あれはひょっとして「お屋敷のメイドの霊がついてきた」のだろうか。もしかしたら、あのときも、このときも——いや、あまり考えたくないので、これ以上は読者の皆さまのご想像にゆだねることにする。綺麗な「オチ」のつく物語もいいが、謎に包まれたままいつのまにか終わっていく実話も好きだ。本書に集められた逸話や伝説が語っている。

出会える人には出会えるらしい、英国文化の粋を集めたナショナル・トラストの旅。本書を片手にぜひ出かけてみてほしい。

二〇一四年一二月

村上リコ

❖謝辞

著者から次の方々に感謝を申し上げる。Grant Berry; Nigel Burnett; Harvey Edgington; Yvonne Osborne; Peter Battrick; Fliss Coombs; Stephen Adams; Sharon Cadman; Claire Bolitho; Shona Owen; Sandra Butler; Barbara Thomas; Paul Faulkner; Charles Crosbie; Leonie Tidd; Vicky Herbert; Ian McCurley; Jane Watson; Bernadette Gillow; Lewis Eynon; Denis Mead; Rebecca Speight; Sophie Blair; Anne Butler; Rodney Shirley; Simon Lee; Beck Lockwood; Michael Claydon; Mike Dobson; Maurica Lavery; Claire Mayle; Emily Hirons; Karen Rudd; Meg Wilson; David Atkins; Sarah Evans; David Kitt; Marcus Halliwell; Paul Boland; Richard Neale; Yvonne Osborne; Robyn Lee; Kate Gardner; Harry Morrison; Adrian Colston; Peter Battrick; Kenneth Anthonisz; Alan Langstaf; Andrew King; Paul Williamson; Helen Mann; Mark Agnew; Graham Crane; Ruth Gofton; Ben Eacott; Scott Green; Bob Hockey; Clare Gogerty; Leila Moore; John Eyre; Lydia Price; Megan Doole; Hannah Jones; Richard Henderson; Robin Mead; Stephen Adams; Jane Ellis; Eilidh Taylor; Tom Whatmore; Simon Osbourne; Michelle Fullard; Janet Clark; Mark Agnew; Michael Thomson; Rachel Hunt; Nick Souter; Linda Griffin; Helen Mann; Helen Lloyd; Hugo Brown; David Atkins; Denise Edwards; Judith Seaward; Les Rogers; Helen Willett; Sam Chidlow; Rebecca Speight; Liz Luck; Richard Wood; Siân Harrington; Ray Sandham; Megan Doole; Ros Daniels; Tim Knox; Simon Marsden; Yvonne Osborne; David Atkins; Nick Winney; Lydia Price; Tony Dawson; Tim Crump; Jeff Cherrington; Lance Railton, The Ghost Club; Alan Murdie, The Ghost Club; Mrs Joyce Rowe; Paul Holden; Paul Williamson; Stephen Adams'; Sabina Eberle; Beck Lockwood; Sam Snaith; Laura Moran; Kenneth Grover; Michael Coxson; Charlotte Shute; Margaret Willes; Fiona Screen; Rowan Fitzpatrick; Margaret Gray; Kelly Palmer; Robert Mimmack; Paul Williamson; Jane Ellis.

❖写真クレジット

ナショナル・トラストは他者の知的所有権を尊重することを明言している。したがって、本書で使用したすべてのコンテンツの複製に関しては、すべての著作権所有者の同意を得られるように最善の努力を尽くした。もし意図的ではないクレジットの記載漏れに気づいた場合には、将来の版で必要な修正ができるように、ナショナル・トラストに直接お知らせいただければ幸いである。

By page order: Cover NTPL/Matthew Antrobus; 4-5 Simon Marsden/The Marsden Archive; 10 Simon Marsden/The Marsden Archive; 16 NTPL/Christopher Gallagher; 19 NTPL/Matthew Antrobus; 22-23 Simon Marsden/The Marsden Archive; 26-27 NTPL/Andrew Butler; 30 NTPL/Mark Fiennes; 32 NTPL/Andreas von Einsiedel; 34-35 NTl'L/Rupert Truman; 38-39 NTPL/Nick Meers; 42-43 NTPL/Rob Talbot; 46-47 NTPL/George Wright; 50-51 Simon Marsden/The Marsden Archive; 54-55 NTPL Andreas von Einsiedel; 58-59 NTPL/Andreas von Einsiedel; 61 NTPL/Andreas von Einsiedel; 64-65 NTPL/Tim Stephens; 68-69 NTPL/Ian Shaw; 70-71 NTPL/Andreas von Einsiedel; 74-75 (t) NTPL/David W. Gibbons 78-79 NTPL/Matthew Antrobus; 81 NTPL/Andreas von Einsiedel; 84-85 NT/Steve Kane; 88-89 NTPL David Noton; 91 NTPL/Rupert Truman; 94-95 NTPL/Joe Cornish; 96-97 (t) NTPL/Will Webster; 98-99 Andrew Butler; 101 NTPL/Andrew Butler; 102 NTPL/Andrew Butler; 105 NTPL/Nick Meers; 107 (t) NTPL/Joe Cornish; 108-109 NTPL/Joe Cornish; 112-113 NTPL/Bill Batten; 118-119 NTPL/Matthew Antrobus; 121 NTPL/Nadia Mackenzie; 122-123 NTPL/Nick Meers; 126 The National Trust; 128 NTPL/Michael Caldwell; 130-131 NTPL/Geoffrey Frosh; 134-135 NTPL/Nick Meers; 136 NTPL/Nick Meers; 138-139 Simon Marsden/The Marsden Archive; 144-145 NTPL/Joe Cornish; 148-149 NTPL/Nick Meers; 152 NTPL/Bill Batten; 156-157 NTPL/Stephen Robson; 160-161 NTPL/Nick Meers; 166-167 NTPL/Joe Cornish; 170-171 NTPL/Ian West; 174-175 NTPL/Matthew Antrobus; 182-183 NTPL/Paul Kay; 186-187 NTPL/Nick Meers; 189 (t) NTPL/Andreas von Einsiedel; 192-193 NTPL/Nick Meers; 195 NTPL/Peter Cook; 196-197 NTPL/Peter Cook; 200-201 (t) NTPL/Matthew Antrobus; 204-205 (t) NTPL/Matthew Antrobus; 206-207 NTPL/Andreas von Einsiedel; 209 NTPL/Andrew Butler; 210-211 NTPL/Andreas von Einsiedel; 214-215 (t) NTPL/Dennis Gilbert; 218-219 NTPL/Joe Cornish; 222-223 (t) NTPL/Matthew Antrobus; 228-229 NTPL/Matthew Antrobus; 232-233 NTPL/Geoffrey Frosh; 236-37 (t) NTPL/Matthew Antrobus; 240-241 Simon Marsden/The Marsden Archive; 244-245 Simon Marsden/The Marsden Archive; 248-249 NTPL/Stephen Robson; 252 NTPL/Rupert Truman; 258-259 NTPL/Nick Meers; 261 (t) NTPL/Matthew Antrobus; 264-265 (t) NTPL/Nadia Mackenzie; 267 NTPL/David Tarn; 270 NTPL/Rod J. Edwards; 271 NTPL/Nick Meers; 273 NTPL/Rod J. Edwards.

なお、サイモン・マースデンの写真は下記のサイトで閲覧できる。
www.marsdenarchive.com

り

る

れ

ろ

わ

へ

ほ

ま

み

め

も

や

ゆ

ら

こ

さ

し

す

せ

お

か

き

く

け

あ

い

う

え

❖著者
シャーン・エヴァンズ
文化史家。英国の歴史的建築物や景観の保護・管理を目的として設立されたナショナル・トラスト、ヴィクトリア&アルバート博物館、デザイン博物館勤務を経て著述家。邦訳書に『図説　メイドと執事の文化誌』（原書房）がある。

❖日本版監修
村上リコ
千葉県生まれ。東京外国語大学卒。翻訳家、文筆業。一九世紀から二〇世紀初頭にかけての英国の日常生活、特に家事使用人、女性と子どもの生活文化を中心に活動している。著書に『図説　英国メイドの日常』、『図説　英国執事』、『図説　英国貴族の令嬢』（以上、河出書房新社）、翻訳書に『英国メイド　マーガレットの回想』、『エドワーディアンズ　英国貴族の日々』（以上、河出書房新社）、『怪物執事』（太田出版）、『図説　メイドと執事の文化誌』（原書房）などがある。

❖翻訳
田口未和
上智大学外国語学部卒。新聞社勤務を経て翻訳業。主な訳書に『図説　滝と人間の歴史』『図説　世界を変えた50の哲学』（ともに原書房）、『デジタルフォトグラフィ』（ガイアブックス）、『子どものための世の中を生き抜く50のルール』（PHP研究所）、『インド　厄介な経済大国』（日経BP社）など。東京都在住。

GHOSTS: Mysterious Tales from the National Trust
by Siân Evans

First published in Great Britain in 2006 by National Trust,
An imprint of Pavilion Books Company Limited, 1 Gower Street, London, WC1E 6HD
Japanese translation rights arranged with Pavilion Books Company Limited, London
through Tuttle-Mori Agency, Inc., Tokyo

フォト・ストーリー
英《えい》国《こく》の幽《ゆう》霊《れい》伝《でん》説《せつ》
ナショナル・トラストの建物《たてもの》と怪奇現象《かいきげんしょう》

二〇一五年一月三一日　初版第一刷発行

著者……シャーン・エヴァンズ
日本版監修者……村上リコ
訳者……田口未和
発行者……成瀬雅人
発行所……株式会社原書房
〒一六〇-〇〇二二　東京都新宿区新宿一-二五-一三
電話・代表　〇三(三三五四)〇六八五
http://www.harashobo.co.jp
振替・〇〇一五〇-六-一五一五九四
ブックデザイン……小沼宏之
印刷……新灯印刷株式会社
製本……東京美術紙工協業組合

ISBN978-4-562-05125-0
Printed in Japan